中华先锋人物
故事汇

吴良镛
（给胡同"动手术"的建筑大师）

WU LIANGYONG
GEI HUTONG DONG SHOUSHU DE JIANZHU DASHI

周 晴 著

党建读物出版社　接力出版社

图书在版编目（CIP）数据

吴良镛：给胡同"动手术"的建筑大师/周晴著．—南宁：接力出版社；北京：党建读物出版社，2021.6
（中华人物故事汇. 中华先锋人物故事汇）
ISBN 978-7-5448-7197-6

Ⅰ. ①吴⋯ Ⅱ. ①周⋯ Ⅲ. ①传记小说－中国－当代 Ⅳ. ①I247.5

中国版本图书馆CIP数据核字（2021）第091892号

吴良镛 —— 给胡同"动手术"的建筑大师
周　晴　著

责任编辑：	朱晓颖　谢洪波
责任校对：	杜伟娜　王　静
装帧设计：	严　冬　许继云　　美术编辑：高春雷
出版发行：	党建读物出版社　接力出版社
地　　址：	北京市西城区西长安街80号东楼（邮编：100815）
	广西南宁市园湖南路9号（邮编：530022）
网　　址：	http://www.djcb71.com　　http://www.jielibj.com
电　　话：	010-65547970/7621
经　　销：	新华书店
印　　刷：	北京盛通印刷股份有限公司

2021年6月第1版　　2021年6月第1次印刷
787毫米×1092毫米　32开本　5.75印张　80千字
印数：00 001—10 000册　　定价：28.00元

本社版图书如有印装错误，我社负责调换（电话：010-65547970/7621）

目 录

写给小读者的话 …………… 1

幼学如漆 …………………… 1

"有灵性"的毛笔 …………… 5

内迁重庆 …………………… 15

立下誓言 …………………… 23

先行一步 …………………… 33

伯乐梁思成 ………………… 41

陶猪之美 …………………… 53

有意思的清华园 …………… 63

匡溪深造 …………………… 71

学莫便乎近其人 …………… 81

回家的脚步 · · · · · · · · · · · · · · 89

清华营建 · · · · · · · · · · · · · · · 95

创办造园组 · · · · · · · · · · · · · 103

主编《城乡规划》· · · · · · · · · · 109

新的挑战 · · · · · · · · · · · · · · · 115

行万里路的思考 · · · · · · · · · · 117

建筑系的重担 · · · · · · · · · · · · 123

六十岁的选择 · · · · · · · · · · · · 127

一本书——《广义建筑学》· · · 133

一组楼——菊儿胡同 · · · · · · · 141

一次会——宣读《北京宪章》· · · 151

一个最高奖——"国家最高
　　科学技术奖" · · · · · · · · · · 159

谋万家居 · · · · · · · · · · · · · · · 167

写给小读者的话

在清华大学的校史馆里,有一排院士风采墙,我们在其中能找到一个响亮的名字:吴良镛。

吴良镛先生是中国科学院和中国工程院院士,也是清华大学建筑系的元老。很多年前,他跟着梁思成先生走进了清华园,在园子里度过了自己最美好的年华。他在从教的七十年里,教出了一批批优秀的学生,先后培养了八十一名博士和硕士研究生;在教学、管理和科研方面,在建筑设计和城市规划上,他都做出了非凡的成就。

清华大学的建筑教育向国家及地方输送了大量优秀人才,包括院士九人,全国工程勘察设计大师十六人,国内外建筑学院院长、副院长(系主任)三十三人,大型国有设计单位的院长、副院长六十八人,大型国有设计单位的正副总建筑师、总规划师七十九人,国家级专业学会负责人十六人……这份傲人的名单背后,有吴良镛的一份功劳。

如今,吴良镛先生已是将近百岁的老人,作为建筑学界泰斗级的人物,他创立了"广义建筑学"和"人居环境科学"的理论,不断践行着自己关于"人居环境"的理念,将科学、人文、艺术融会贯通;他获得了很多世界级的奖项,在中国大地上,很多他设计的建筑拔地而起,其中最著名的,当属北京的"菊儿胡同"。

美国建筑师协会称他为"新中国建筑与城市规划的先行者和杰出的建筑教育家";建筑大师贝聿铭曾经说过:"不管你到哪个国家,说起中国的建筑,大家都会说起吴良镛。"

三十年求学,三十年实践,三十年"向科学进军"——三个三十年,搭建起了吴良镛"一生的黄金时代"。

二〇一八年，他获得了中共中央、国务院授予的"改革先锋"称号，获评"人居环境科学的创建者"。

关于吴良镛一个世纪以来的传奇故事的开端，还要从一九二二年说起。

幼学如漆

一九二二年的五月七日,在南京城南门的谢公祠,一个吴姓的宅院里迎来了一个小生命。随着哇的一声啼哭,一个虎头虎脑的男孩降生了,这个新生儿为吴氏大家庭带来了一份欣喜。家里人为他取名吴良镛,因为他是"良"字辈,而"镛"字,则是"大钟"的意思。

大钟,在古代是正气与正义的象征,父母为他起这个名字,就是取"君子如响""大叩之则大鸣"的意思。吴良镛上小学的时候,有两个别号,一个就是"如响",寓意很清楚,就是父母希望吴良镛长大后,可以成为一个令人如雷贯耳的大钟一样的人;他的另一个别号"振声",则暗合了他们家大门口的对联:"绵世泽莫如为善,振家声还是读书。"从这两个别号中,就可以想见父母对他的殷殷期望:希望他从小懂得读书和做人的道理,长大了成为一个响当当的男子汉。

吴良镛还有一个长他十岁的哥哥,叫吴良铸,从兄弟俩的名字就可以看出,吴家的长辈们除了希望下一代有一颗良善之心外,还要有钢铁一样的特质,做一个品质高尚、顶天立地的人。

这些希望和期待,很小就印进了吴良镛的心中,敦促他勤学上进,挺拔如钟。

然而,吴良镛出生的时候,整个世界的经济都不太景气,中国的大地上也在不断上演着动荡带来的悲剧。从辛亥革命到北伐战争,军阀混战,民不聊生,国步艰难。

这种动荡和萧条,波及生活在中国大地上的每一个家庭。

吴家原本是做绸缎生意的,吴良镛的祖父曾是绸缎业工会的副会长。在吴良镛幼时的记忆中,家里的院子很大,第一进院子中央的石盆里有荷花,夏天来临时特别好看;院子的西南角还有几棵蜡梅，冬天里迎风傲雪地绽放；走到第三进院子的西侧，还能看到一棵石榴树，晶莹的石榴，在夏天会挂满树梢，煞是好看。

家里原本还有两口井，一口是自己家里用的，还有一口，就留出来让周围的邻居使用……

但这样的日子不长。还没等吴良镛长大一点儿，因为时局不稳，吴家的生意慢慢垮了，以致到了无法维持生活的地步。吴家从不太景气，到败落，再后来，甚至一落千丈！

吴良镛的祖父去世后，家里的生意更不像样子了。

吴良镛的父亲无奈，只能只身跑去上海，帮着一些绸缎号管账，来维持一家老小的生活。他将每月的薪水二十元大洋寄到南京的家里，但这些钱常常不够包括吴良镛在内的三个孩子的日常开销，更别提拿出一些来交学费了。

虽然家里已经很穷了，但妈妈依然想尽量满足吴良镛兄弟俩读书的愿望。她总是鼓励兄弟俩说，一定要好好读书，因为只有读书，才有机会改变一个人乃至一个家庭的命运。

钱实在不够的时候，吴良镛的妈妈就会把自己的首饰拿到娘家去做抵押，每个月从娘家领一些钱回来，勉强维持着家里的生活，支付孩子们读书等的各种费用。

即便这样，吴良镛的妈妈还是将家里的一切打理得井井有条，得体周到。衣服旧一点儿没关系，但一定要干净，仪表也不能忽视，不能被别人耻笑；她还经常告诫几个孩子，做人要知道争口气，要有骨气，要奋发有为，人穷不能穷志气。

母亲带给孩子们的那种乐观心态，那些努力读书跟上时代的想法，很多年来一直影响着吴良镛他们。

也正是这样的家庭教育，让吴良镛在日常的耳闻目睹中，懂得了为人和为学的原则，为他进入学校后的勤勉和好学，打下了良好的基础。

正所谓幼学如漆，年幼时学到的东西，会深深地印刻在一个人的生命里。那些看似平淡的生活日常，那些简单朴素的点点滴滴，成了留在吴良镛心中的一颗种子，酝酿着，等待有一天钻出泥土，茁壮成长。

"有灵性"的毛笔

吴良镛七岁那年,到了可以去学校读书的年龄,家里人决定先送他去私塾,过渡一段时间。

小良镛知道自己可以去私塾念书了,特别兴奋,哥哥去上学的情景一直刻在他的脑海里。只要去了学校,当了学生,好好学习,长大了,就可以做一个有学问的人了——这是妈妈一直告诫他的话。

去私塾的前一天,妈妈特意把吴良镛叫到身边,递给他一个粗布书包,慈爱地对他说:"来,把这个书包背上,看看是不是合适。"

小良镛赶紧点点头,将书包斜挎在身上,在屋子里走来走去,他觉得自己特别神气,舍不得把书包放下来。

做过小学生的我们,都有这样的记忆吧?背上书包,是一个孩子进入学堂的标志,也是每个孩子幼时的向往。

对吴良镛来说,也是如此。多年以后,他依然记得在进入学堂之前,妈妈专门为他缝制的那个特别的书包。

那个书包的布料很粗,颜色是那种有点粗犷的绿色。

这绿色,仿佛象征着小苗刚刚萌芽,也好像预示着未来的枝繁叶茂。书包正面的一个角上,钉着一个铜钱。从外面可以感觉到,书包里有书,好像还有其他东西。吴良镛迫不及待地打开书包,先是从里面拿出了一本《幼学琼林》,这是一本启蒙读本;再往里掏,哈哈,居然还有毛笔!

吴良镛将毛笔拿在手上端详着。那个年代,毛笔,可是读书人的必备物品呀!妈妈见吴良镛乐呵呵的样子,赶紧关照他说:

"这毛笔可是有来历的,用它给菩萨画过眼

"有灵性"的毛笔

睛呢……"

她希望小良镛可以用这"有灵性"的毛笔，练好字。

"妈妈，我知道了，是不是用这支毛笔来写字，字就可以写得好啊？"

妈妈点点头，笑着说："这是妈妈的心愿。读书写字，要做到最好，好好练字是很重要的。"

吴良镛牢牢地记住了妈妈的话。

有了属于自己的书包，还有妈妈用心准备的毛笔，吴良镛对进入学堂充满了信心。

特别是毛笔的寓意，让吴良镛从一开始，就对练字和书法产生了一种发自内心的喜欢。妈妈的嘱咐，也一直在他耳边回荡。

终于到了去私塾的日子。那天天刚蒙蒙亮，吴良镛就起床了。到了私塾后，老师没有马上开始上课，而是把大家带到了一个牌位前，对他们说：

"在开始上课前，我请大家先向孔夫子叩头，在心里对先贤表达自己的谦恭和决心。"

这件事情对吴良镛来说，印象深刻。孔子的

《论语》，说的是读书和做人之道，而面向先贤的这一份尊重和敬仰，让吴良镛更加坚信要好好读书。他知道，老师要他们向圣贤学习的，是面对学习的一种态度，一种勤勉的决心。

"有灵性"的毛笔，还有孔老夫子的牌位，成为吴良镛的私塾时光中，两个难以忘却的印记。

半年后，吴良镛离开私塾，进入祠堂小学，开始了正规的小学生涯。

当时的小学校长章星南写得一手好字，吴良镛和同学们经常看到有人来求字，觉得自己的校长很了不起，这也启发他要好好练字。当时学校的书法绘画老师周金声，看到吴良镛喜欢写写画画，便经常鼓励他，赞扬他，还说，按照他的努力，长大后可以去搞绘画或工艺美术设计……这些鼓励让年纪小小的吴良镛越加喜欢书法和绘画，也越发努力了。他从校长和书法绘画老师那里获得很多启发，他的画作还曾被送到国际联盟去展出呢！

他从"有灵性"的毛笔开始，爱上了书法，后来果然在书法和绘画上，取得了很高的造诣。

小学时，有次考试前，有同学问他："吴良镛，你觉得自己能考几分啊？"

"七八十分吧。"吴良镛回答。

正好，五年级的年级主任仇老师路过，听到了吴良镛和同学的对话。结果，那一次，吴良镛只考了五十分。

后来，仇老师在课堂上对吴良镛说：

"吴良镛，你骄傲了哟！这次才考了五十分。你可向同学夸口说可以考七八十分。"

吴良镛的脸一下子涨红了，他感到无地自容，马上意识到这是因为自己放松了学习。他明白，自己必须时刻努力，因为只要稍有放松，就可能会出问题。

初中的时候，一次数学考试，就在吴良镛交卷子时，校长走了过来，吴良镛正好与校长撞了个满怀。校长便顺口问数学老师："这个学生的成绩怎么样？"

数学老师回答："中等水平。"

这句话，让吴良镛记住了。在之后漫长的岁月里，他不断告诫自己，自己是中等水平，所以不能骄傲，要不断努力，才不至于让成绩下滑。

仇老师在课堂上说的这句话，以及数学老师的评价，吴良镛一直记着，他用这些话一次次告诫自己：吴良镛啊，你不能放松了学习，你一辈子都要以此为戒，始终兢兢业业。

不放松，不骄傲，不断努力，学生时代就印进吴良镛内心的老师的这些话语，成为他一生的座右铭。

一九三四年，吴良镛进入钟英中学继续初中的学业。

钟英中学在当地很有名。当时有两句顺口溜，一句是"数理精，进钟英"，另一句是"要当兵，进钟英"，说出了钟英中学的两大特点。

当时钟英中学的校长是有名的数学家余介侯，他很重视数理化的教学，这让吴良镛打下了扎实的理科基础。学校还会经常邀请专家来做一些专题演讲，吴良镛也非常喜欢学校里的演讲。

有一次，学校请到当时国立中央大学的地理学家张其昀来讲"中国地大物博、人口众多之真相"，吴良镛从讲座中了解了中国之大，他印象最深的是讲座中展示出来的地图,这让他充满了好奇,萌发了有一天到处去看看的愿望。这次讲座,不仅扩展了吴良镛的知识面,而且让他意识到,中国地大却未必物博。他希望自己将来有一天,可以为建设中国贡献自己的一份力量。

钟英中学也非常重视军训。在学校,吴良镛参加了一系列童子军的露营和操练活动。

那次露营,也让吴良镛有了展现自己的机会。

露营的时候,同学们要以班级为单位,自己做饭,每个班级都会有一个自己的灶台。

吴良镛为自己班的灶台做了一个特别的设计,他还为这个灶台起了一个名字,叫"地图灶"。顾名思义,这个灶台是依据中国地图的造型来设计的。

他在设计这个灶台的时候,将灶台上那个圆圆的放锅的地方,设置在地图的中心地带,看着锅里正在沸腾的水,他为它起了个好听的名字,叫"中原鼎沸";然后,他将排烟系统放在了灶台的右上角,也就是地图的东北方位,寓意为"东北烽火",以此来表达对当时战局中东北战火的担忧。

同学们都为吴良镛的奇妙构思和与当时社会的实际结合而大声叫好。这个地图灶的设计在露营的总结大会上也大受赞赏，成为吴良镛中学时代很骄傲的一件事情。

很多年后，吴良镛的父亲还会自豪地和别人讲起吴良镛的这个地图灶。

吴良镛对地图的用心，以及他对设计的爱好，在这件小事情上，已经可见端倪。

可惜的是，一九三七年夏，日本悍然发动全面侵华战争。上海战事失利，南京战事告急，国家和人民都在风雨飘摇中……

十五岁的吴良镛，刚刚进入镇江中学开始高中学习不到一个月，就被迫中断学业，跟着哥哥流落他乡。

内迁重庆

吴良镛的哥哥吴良铸作为家里的长子，小小年纪就知道要为家里着想，中学毕业后，他就去当了一名家庭教师。在吴良镛眼里，这个懂事又勤奋好学的哥哥一直是他的榜样。他还在读小学的时候，哥哥已在挣钱贴补家用了。后来，哥哥靠自学考取了金陵大学的经济系，毕业后就留在学校当了一名经济系的老师，还兼做图书馆的工作。

哥哥的自学经历，哥哥自强勤奋的身影，是家庭的骄傲，也成为吴良镛身边的榜样。吴良镛非常喜欢哥哥，哥哥对他的关怀和教导，让他难以忘怀。

吴良镛进入钟英中学读初中后，有一段时间担心自己的英文成绩跟不上，哥哥就主动和吴良镛说，自己可以利用教书的间隙，帮吴良镛补习英文。

于是，吴良镛就住进了哥哥所在的金陵大学的宿舍里。

每天清晨和晚上，哥哥都会挤出时间帮吴良镛补习英文，兄弟俩一边学习，一边聊天。有时候学习到深夜，实在累了，兄弟俩就钻进一个被窝里睡觉，感情非常好。

一九三七年十二月，南京沦陷。

在这样的危难时刻，对于身在灾难中的很多中国家庭来说，都是一个难关。

吴良镛的家庭也深受其害。一家人每天都生活在恐惧中，不知道接下来该怎么办。

当时南京的很多学校决定迁往内地，让学子们可以继续学业，哥哥工作的金陵大学也在这个内迁学校的名单里。

哥哥和爸爸妈妈商量，想带上弟弟一起走。

他觉得自己工作了，有一定的收入，如果带

上弟弟跟着金陵大学一起内迁，不仅可以让弟弟到内地后继续学业，也能减轻家庭的负担。

爸爸妈妈打算去南京远山的亲戚家躲避一阵，他们心里知道，如果一家老小都拥到亲戚家，会让亲戚很为难。

听到哥哥吴良铸的决定，爸爸虽然觉得有些无奈，也只能点头同意。

确实，做这样的决定是艰难的，因为它意味着一家骨肉分离。但在当时，做这样的决定又是必须的，毕竟战火连绵，保证家人的生命安全才是第一位。

逃难前夕，爸爸白天在家中来回踱步，心绪不宁；到了夜晚，也是辗转反侧，无法入眠。

他恨自己不能保护家人，要眼睁睁看着两个儿子远离自己的庇护，尤其小儿子吴良镛还那么小，就要开始自力更生了，他心里未免不舍。但他也知道，在这样艰难的时刻，只能鼓励兄弟俩勇敢面对。于是，他将兄弟俩叫到身边，叮嘱他们要记得"兄友弟恭"。

他还专门叮嘱吴良镛："以后的路，你要自

己走了,要努力向前,人穷不能志短,还要尊敬兄长。"

坐在一旁的母亲一直没有说话,悄悄抹着眼泪,但手上的针线活一直没停——她正在将一枚金戒指缝到吴良镛的棉衣内。

从南京去内地的这一路,山高水长,母亲担心万一发生意外,比如兄弟俩走散了,棉衣里的这枚戒指,至少可以让吴良镛救救急。

就这样,吴良镛跟着哥哥,与家人依依不舍地告别,坐船从南京匆忙出发。

第一站到的是武汉。船一到武汉,吴良镛沮丧地发现,他的行李不见了。

这之后很长一段时间,他和哥哥只能合盖一条被子。也是从这时起,吴良镛离开了爸爸妈妈的港湾,和哥哥一起,开始了一段相依为命的日子。

他们俩在武昌胡林翼大街上的开明书店后面租了一间屋子,暂时安顿了下来。

但武汉并不是此行的目的地,只是暂时的栖身处。

没有地方上学，也没工作可做，吴良镛每天无所事事，日子变得闲散而无聊。

他只能在武昌、汉口的街道上到处晃荡，走走看看。更多的时候，他会在出租屋附近的开明书店里逗留，站在那里看书，以打发时间。

不知道未来会去哪里，不知道时局会如何变化，吴良镛的一颗心始终悬着，仿佛阴影怎么也挥之不去。

这样的日子过了一个月，金陵大学决定继续向西部内迁，吴良镛跟着哥哥，和大家一起又坐船从武汉出发了。这一次，他们经过沙市、宜昌，沿着三峡，终于在一九三八年的元旦，到了重庆。

在重庆，吴良镛得到一个好消息：在距离重庆市区不远的合川，江苏省政府决定将流亡过来的教师和学生组织在一起，兴建一所国立二中（现常熟中学），里面设女子部、初中部和高中部，原来散落在重庆附近的学校，也打算全部集中到合川去。

终于可以继续学业了！吴良镛欣喜万分，一

直在等待着开学的日子。

四个月后，吴良镛只身来到合川，进入国立二中，开始了高一下半学期的学习生活。

国立二中当时的师资力量非常强大，从上海、苏州、扬州和南京等中学流亡的教师在那里组成了一支强大的教学队伍，让吴良镛和他的同学们受益匪浅，印象深刻。

在那段战火连绵的岁月里，有幸可以在合川遇到这样一所学校，这样一群师生，吴良镛觉得自己很幸运。

无论是数学、物理、化学，还是国文课程，那些老师都胸有成竹，侃侃而谈，讲课生动，深入浅出。吴良镛和同学们一样，非常珍惜这来之不易的学习条件，时常告诫自己要用功，不能辜负这样的时光。

更加难能可贵的是，国立二中的老师们不仅在学业上对学生们循循善诱，而且在生活上也给予了他们很多温暖。

吴良镛到合川读书时，哥哥去了成都，吴良镛自己只买得起一条薄被过冬。一位姓戴的老师知道了这件事，就悄悄买好了新被子送给吴良镛，还嘱咐他不必说出去。

独在异乡，常常会在夜深人静时特别想念家乡，想念父母。

每当这时候，吴良镛就会跑到城楼上去，看看那里的风景，以解思乡之苦。

合川是一个让人迷恋的地方。从城楼望下去，城中有两座宝塔，远眺两江汇合之处的江面，开阔壮丽；近处，遍地油菜花开得正艳，满目的金黄色，赏心悦目，令人心旷神怡，能暂且忘记对家乡的思念。吴良镛还在合川发现了一家无锡排骨店，可以在他乡吃到家乡的美食，排骨的香味，还真的让吴良镛一解乡愁呢。

在合川的业余生活也算丰富。有段时间，著名戏剧家洪深带着用四川话排练的话剧《包得行》来合川演出，而学校的学生社团也排演了《三江好》《放下你的鞭子》等话剧，吴良镛常和同学们一起，沉浸在戏剧营造的氛围中。

更让吴良镛高兴的是，学校还开放了图书馆，可以借到很多书；他在武汉经常去的那家开明书店，居然也搬到了合川！吴良镛就在开明书店将一套《杜甫全集》站着翻看完了……

对于少年吴良镛来说，在合川两年半的高中时光，纵然是在那样不安定的年代里，却因为有学校师生的温暖，有戏剧、演讲和图书的文化熏陶，有精神食粮，生活也变得丰富多了，为他留下了一段非常美好的回忆。

就这样，吴良镛在合川国立二中，完成了高中学业。

一九四〇年七月，吴良镛即将迎来他人生中第一次重要的考试——大学入学考试。

这一次，十八岁的吴良镛忽然感到肩上有一种从未有过的责任。

面对着山河破碎的祖国，曾经打算学国文或美术专业的他，心里暗暗定下了一个目标。惨遭日寇蹂躏的家园需要他们去重建，而去读建筑专业，就可以离这个目标更近一点儿。

立下誓言

一九四〇年七月二十五日,大学入学考试开始了。

对吴良镛来说,这不仅是对高中学习的一次检验,也是关系他选择未来人生走向的一场重要考试,他当然要全力以赴。

考到第三天,也就是七月二十七日,一早起来,吴良镛就发现天气不好,天空布满了乌云,阴沉得叫人透不过气来。

经历了两天的紧张答卷,吴良镛觉得自己的体力和精力快要透支了,但他知道最后一天不能松懈,于是赶紧起床收拾好自己,赶到学校去参加最后一门考试。好在试卷上的题目并不难,吴良镛不断为自己打气，告诉自己：坚持，坚持，再坚持。

铃声响起，吴良镛放下笔，交了卷，这一刻，他感到一种深深的疲惫，整个人都筋疲力尽。

好在终于考完，可以放松一下身心了。吴良镛哪里也不想去，回到家倒头就睡，很快就进入了梦乡。

可是，就在他刚沉沉睡去的时候，猛然听到一阵响过一阵的警报声，他在迷迷糊糊中跳了起来。

其实，在合川的那些日子里，警报声响作一团是家常便饭，大家已经习惯了。警报一响，意味着炮弹要来了，大家会以最快的速度躲进防空洞去。

这一天也是如此，吴良镛虽然很疲惫，但不敢有一点儿拖延，他急忙起床，跟着大家一起跑出了家门。

一路都是喘气声和噔噔的脚步声。吴良镛和小伙伴们刚在蟠龙山下的防空洞里躲好，还来不及喘一口气，就听到洞外传来一阵轰隆隆的爆炸声。吴良镛觉得，那声音和往常很不一样，即便人在山洞里，也可以感受到整个山洞仿佛都在剧烈地摇动，一些石头还随着震动破碎了，不断地脱落下来。

大家都没有说话，防空洞里虽然挤满了人，但异常安静。

轰炸声还在持续，凭直觉，吴良镛知道这一次的轰炸应该比之前很多次都厉害，他为没能及时转移到防空洞里的人担心。但是，战争年代，一切都那么没有道理，他们能做的，就是安静地躲在洞里，无奈地等待。

大概过了两三个小时，一直等到外面没有任何轰炸的声音了，吴良镛才和小伙伴们走出那个山洞，走上蟠龙山。从黑暗中走到光亮处，望着眼前的城市，吴良镛惊得说不出话来。

这时已是下午，原本阴沉灰暗的天空被大火映照着，发出瘆人的红光——那是因为城市在燃烧！

半座城市都被笼罩在炮弹引起的烟火中。火光冲天，烟雾滚滚，燃烧的爆裂声不时传进吴良镛的耳中，夹杂其中的，还有各种哭喊声、猫狗的呜咽声、绝望的号叫声……一切都显得那么不真实，仿佛人间地狱。

吴良镛立在那里，呼吸急促，毛骨悚然。合川，这座他喜欢的城市，他学习和生活的城市，被战火摧残得面目全非。

吴良镛难过极了，他甚至都不想面对这一切，于是就离开合川，去了姨母家。

两个月后，吴良镛从同学处得知，自己考取了重庆中央大学。

重庆中央大学大一的学生，当时集中在重庆西南几十里的柏溪校区学习。柏溪校区边上就是嘉陵江，校区里有溪水从山坡上流下来，学校宿舍依台阶而造，同学们去上课时要沿着小溪从台阶上走过，环境很是优美。

大学第一年不分科，后来分专业的时候，吴良镛想起离开合川时的那次毁灭性的轰炸，也想到了曾经在中学听过的中国是否地大物博的讲座，心中萌生的那个目标更清晰了，他决定选择建筑系。这样，学成之后，就可以用自己的双手建设被战争摧毁的家园。

建筑学是一个综合性强的学科，对构图、绘画等都有比较高的要求，好在吴良镛从小就喜欢书法和绘画，有一定的基础。分专业后，他还修了很多美术类课程，学了画法几何、阴影透视、建筑初步设计等。

大二，学生们回到了沙坪坝本部的校区里。

那时候，在沙坪坝到嘉陵江渡口的坡上，聚集着一些有意思的茶馆。

无论是学生，还是老师，上完课后，都没地方可去，于是大家就选择去茶馆逗留，喝茶，聊天。久而久之，茶馆就成了一个可以让大家交流的公共空间，进而又成为可以交流沟通的学术场所，形成了一种独特的茶馆文化。

吴良镛有空儿的时候，也会钻到那些茶馆中，去听自己喜欢的话题。

更多的时候，吴良镛沉浸在大学里那些自己感兴趣的讲座和课程中。

重庆中央大学是一所综合性的大学，有文、理、法、工、农、医、师范等许多学院。大学与中学有很大的区别，大学里有各种各样的专业，也有很多知名的教授，可以去旁听各种课程，也会有各式名人来学校演讲，充满着浓浓的学院氛围和学术气息。

这样的学校生活带给吴良镛很多新鲜的见闻和知识，吴良镛徜徉其中，被那种浓厚的学术气氛深深地吸引着。

那段时间，他去听过文史学家、书法家胡小石的"书法史"，对书法中的用笔、结体、布白等要诀印象深刻，还观赏过胡小石每日清晨的挥毫，这些，对吴良镛自己学习书法，还有建筑构图都有很好的启发。

当时艺术系的课程，对吴良镛来说，也充满了诱惑。艺术系的系主任是徐悲鸿，系内还有吴作人、吕斯百、傅抱石等老师，有开画展的，也有开课的。吴良镛喜欢去那里感受艺术的氛围，写生，看展。

有一次，吴良镛坐在路边写生，画的是一个小村庄，那个村庄里住着一些艺术系的老师。住在那里的吕斯百正好路过，就饶有兴趣地站在吴良镛的后面，静静地看着吴良镛画。吕老师是艺术系的代理主任,吴良镛是认得的。知道背后站着一位老师,吴良镛心里有点忐忑,他担心自己画得不够好,又很希望吕老师可以指点一二。

一直等吴良镛画完了,吕斯百将那幅画拿在手上仔细看了一会儿,然后点着头夸了吴良镛几句。能受到专业人士的认可和鼓舞,吴良镛心里乐开了花。之后的很多年,写生成为吴良镛的一个爱好。

后来,吴良镛还去过徐悲鸿在沙坪坝办的美术研究院,在那里欣赏过齐白石的名作、陈之佛擅画的花鸟,观赏过张大千的敦煌画展等。那段时间,流连在艺术殿堂里的吴良镛,对艺术的爱好就此被点燃,成了一个真正的艺术爱好者。

这种潜移默化的感染,也让他喜欢上了庭园,还专门选了庭园的课程。当时的授课老师对观赏植物的精通,对庭园结构的表达,让吴良镛感受到庭园学科里的学问很大,这一门课程,也就深深印在了他的脑海里。

当然,大多数时间,吴良镛都沉浸在建筑学的学习中。建筑设计、建筑历史、建筑艺术、表现技巧等课程，学校都请了非常优秀的老师来授课。

他跟着老师学课程，学设计，做方案，日子过得简单而紧张。

当时在学校教授"中西方建筑史"和"城市规划"的鲍鼎老师，是吴良镛建筑学专业的启蒙老师之一。这两门课仿佛一下子打开了他对建筑的理解，为他的专业发展找到了一个入口。

吴良镛尤其喜欢城市规划课，这门课也对他之后一些建筑学术思想的形成和成长，起到了重要的启蒙作用。

鲍鼎老师在城市规划的第一课，就讲到了"广义的住"和"狭义的住"，这成为吴良镛"人居"想法的一个开端。

很多年以后的二〇〇七年，吴良镛拿出自己的稿费所得，为鲍鼎先生塑了一座铜像。现在这座铜像就立在东南大学中，寄托着吴良镛对启蒙老师的缅怀之情和崇敬之心。

大三的下半学期，经过近三年的学习，吴良镛慢慢领会了建筑学的奥妙，对专业的学习有了一种豁然开朗的感觉。他和同学们一起看书，写文章，还办了一本油印的杂志《建筑》，传播当时的一些学术讯息。他自己写了一篇《释"阙"》的文章，对中国建筑做了一些探究，写完也没多想，就放在那里了。

他怎么也不会想到，就是这篇小小的论文，给他的未来人生带来了不小的变化。

老师的启迪，孜孜不倦的求学，让吴良镛对未来有了更清晰的追求。正如杜甫在《茅屋为秋风所破歌》中所写："安得广厦千万间，大庇天下寒士俱欢颜"，这时的吴良镛，从自己的专业出发，联系到现实的残酷，对改善人居环境有了更多的憧憬。

而在重庆中央大学培养的对书法和绘画的爱好，以及对建筑专业知识的学习，给了吴良镛一对飞翔的翅膀。

战争结束后，重建城市的美好愿景如同一道划破黑夜的闪电，照亮了吴良镛的心，而"重建"这个概念，也深深印在了他的心中。

早年立下的志向，让吴良镛有了努力的方向，他也始终围绕着这个志向不断向前。

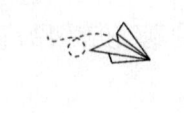

先行一步

一九四四年，对吴良镛来说，是他大学生活中一个发生重大转变的年份，也是他人生中一个重要的年份，因为大四的吴良镛和他的同学们都在这一年应征入伍，受训成为中国远征军的翻译。

当时，远征军中有一些美国人，他们大多不懂中文，需要通过翻译才能和中国的部队沟通。为了解决语言沟通的难题，当局决定在大学里征调一批学生做翻译。

对于那些大学里的天之骄子来说，之前更多的是在后方支援；而这一次，他们可以穿上军装，配上武器，用实际行动进行抗战。吴良镛便是在这样的时刻，成了一名光荣的中国远征军译员。

吴良镛先在重庆中央训练团接受了短期的训练，又去昆明黑林铺美战地步兵训练营进行了一段时间的步兵武器训练，之后便被分配到滇西远征军第二军美军顾问组，开始了部队生涯。

吴良镛所在部队的作战任务，就是要想办法打通从中国云南到缅甸的一条要道，恢复供给。

几支部队一方面从中国的云南向缅甸方向攻打，另一方面则从印度、缅甸向云南打。因为惠通桥被炸断了，想过怒江，就要靠坐橡皮筏横渡。人可以坐在橡皮筏上，马只能潜在水里。每次过江的时候，都要提着马的耳朵，让马头露在水面之上，这样马才能不被淹死，乖乖地跟着橡皮筏到达对岸。怒江水流湍急，橡皮筏会在水上漂移，所以到达对岸的时候，往往会漂到很远的地方，大家下了橡皮筏，还要走一长段回头路。

吴良镛跟着部队走南闯北，几乎每天都要急行军。

云南的西边，崇山峻岭，地形复杂，每次急

行军，都要翻过一座座山头。有的时候，战士们一整天都在往山上爬，第二天又要走一天的下坡路。随军的战马也要跟着部队上上下下，而一旦需要坐着橡皮筏过怒江，对马来说，就是不小的考验。

那段日子，滇西已经进入雨季，部队要经过热带雨林。

部队给大家发了雨衣、头盔和皮鞋。可是，披上雨衣，戴上钢盔，再穿上皮鞋后，急行军的难度就增加了。雨水浸湿了山路上的泥土，再加上被这么多人践踏，道路变得泥泞不堪，行走十分艰难。

起先，吴良镛总是走在队伍的后面。走着走着，他就感觉在泥里越陷越深，烂泥几乎要淹没他的膝盖了，每走一步，都要花费很大的力气。

经过几天的跋涉，吴良镛忽然想到，如果可以走在队伍的前面，山路虽然还是很滑，但毕竟走过的人不多，泥泞程度较轻，应该比走在队伍后面稍微好点。

想明白之后，每次急行军的时候，吴良镛就

主动走在队伍的前面。

虽然走在前面可能需要面对其他未知的难题，但"先行一步"，采取主动，对体力的消耗小一点儿，行走也就相对省力一点儿。

有意思的是，"先行一步"，这个从行军途中悟出来的道理，后来居然被吴良镛用到了研究治学和事业发展上，而且被一次次证明是有道理、有作用的。

当时，吴良镛所在的部队主要驻守在龙陵一带，预备攻打日军的重要据点——松山垭口。

有一段时间，吴良镛所在的部队驻扎在象达的一座山坡上，那里居高临下，地理位置不错。当时芒市正被日军占据，日军知道山上有中国远征军，因为害怕在芒市的仓库和一些军事目标被山上的中国部队发现，就来了个反监视，不断地向山上乱打炮，来扰乱远征军的视线。

正像日军猜测的那样，山上的部队每天都派人去观察和监视山下的目标，一旦发现山下的日军，就伺机反击。

吴良镛跟着一名韩裔的美军军官，也加入到

了这样的侦察队伍中。

他们连续很多天,每天天刚亮就起来,爬到高处找一个隐蔽的地方藏起来,然后观察日军的运输车在山上行动的轨迹,记下他们停留的据点。

果然,经过很多天的密切观察和仔细盯防,他们终于发现了一个日军的仓库。确定好了位置,那个韩裔美军军官就和吴良镛一起,用无线电设备将方位发给了美军基地的联络处。联络处接到情报后,赶紧联系美军的炮兵部队,对那个据点进行炮击。没过多久,吴良镛就看到有一枚炮弹精准地射到了那个仓库,霎时间浓烟滚滚,仓库灰飞烟灭……

而更大的战役,就是要将日军占领的松山垭口堡垒攻下来,这可是一场硬仗,双方拉锯了很长时间,始终打不下来。

吴良镛当时所在的第九师在前线熬了很多日子,将士们和日军展开生死恶战,白天黑夜都无法好好休息,经历着黎明前最黑暗的时刻。吴良镛看见他们的师长在回防休息的时候,双眼熬得通红，疲惫不堪……

好在，没过几天，日军终于抵挡不住，匆忙撤退。

一九四五年一月，追击日寇的几方面队伍在畹町附近的芒友会师。

会师后，部队在畹町安营扎寨。吴良镛跟着队伍在畹町休整，终于有了自己的时间，可以读书绘画了。吴良镛算了一下，此时，距离自己入伍已经过去了一年时间，他开始想念大学的生活，同时也在思考：未来，自己该做点什么呢？

有一次，吴良镛与和自己关系比较好的一个美军军官聊起未来的打算，随口说到自己想回到大学去，继续未完成的学业。

"你学的是什么专业啊？"那位军官问，"除了读书，你对未来还有什么打算吗？"

"你看看这里，到处都被炮火摧毁了，我学的是建筑学，经历过这些，我非常渴望将来可以从事城市规划的研究和工作。"吴良镛发自肺腑地说。

没想到，那个美军军官记在了心里，他帮吴

良镛打报告请求重返校园,居然获得了批准。

他还通过关系,联系好了从缅甸过来的运送物资的车队,为吴良镛回到重庆创造了条件。

一九四五年四月,吴良镛搭上了那辆物资运送车,带着对重庆中央大学的思念,也带着对这一段部队生涯的眷恋,满怀信心地踏上了回程的路。

二〇一五年,纪念抗战胜利七十周年之际,吴良镛作为一名老兵,被邀请参加了天安门广场的阅兵式。

正所谓,所有的经历都是财富,一年多的部队作战的经历,给吴良镛留下了许多宝贵的记忆,还给了他意想不到的"收获":从部队回到重庆后,吴良镛明显感到,自己已经从一个文弱书生变成一个体魄健壮的青年了。

当年吴良镛离开南京的家,跟着哥哥内迁重庆的时候,他才读高一,只有十五岁,身体还处于发育的阶段。那一路的颠簸,说得好听是内迁,其实是在逃难,饥一顿饱一顿,加上担惊受怕,休息不好,当然更没可能专门花时间锻炼身体，所以那时吴良镛的身体十分瘦弱，好像风一刮就要倒。

而在部队的一年多时间，每次急行军不仅要翻山越岭，还要快跑赶进度，吴良镛又经常跑在部队的前面，无意中让他锻炼了体魄。部队里三餐的时间很固定，一年多的时间，吴良镛的身体竟然变得强壮起来了。

经历了风雨和炮火的洗礼，经历了磨难和艰苦的日子，吴良镛有了更强烈的重建家园的决心。

也是在那一年中，他懂得了一个重要的道理：只要有勇气"先行一步"，走在别人的前面，就一定会有不一样的收获！

伯乐梁思成

离开部队后,吴良镛跟着车队先到了昆明,随后又上了一辆经贵州到重庆的车,几经周折,终于回到重庆。

一路上,他不断回想起一年多来参与战争的那些经历。他目睹了战争的残酷和破坏力,那时,他才知道自己之前可以在后方安稳地学习,是因为有战士在前方浴血奋战啊!面对战争带来的巨大破坏,吴良镛内心久久不能平静。他一心想回到重庆,就是想完成在重庆中央大学的建筑学课程。他想,未来各地都需要重建,建筑设计一定会派上用场,所以他不能半途而废,他要尽快修完学业,学以致用。

可是回到重庆后，由于种种原因，吴良镛并没有回到重庆中央大学继续学业。他决定在重庆找一份工作，安顿下来。经过一番周折，通过老师的介绍，他找到了一份为中央卫生实验院扩建的医院进行建筑环境工程设计的工作。

一九四五年五月，吴良镛刚准备去单位上班，却意外地遇到了学长卢绳先生。卢先生是专门过来找他的，还带给他一个好消息。他对吴良镛说："你先别急着上班，梁思成先生希望见一下你，和你聊聊。"

"梁先生怎么会知道我的？"听到梁先生要见自己，吴良镛很高兴，也有点惊讶。

"我也不知道呀，听上去，他对你还蛮熟悉的呢！"卢先生说。

吴良镛当即答应尽快赴约。

很久以后，吴良镛才知道了梁先生认识他的缘由。

原来，梁先生是读了吴良镛的一篇文章，才想要认识他这个人的，而这篇文章，就是吴良镛在大三学习时写的那篇《释"阙"》。这本来不过是吴良镛的一篇论文习作,而就在他应征入伍去了滇西后,他们班两名留在学校里的女学生继续承担着《建筑》的编刊工作,她们将这篇稿子发表在杂志上,梁先生正好从杂志上看到了这篇文章。

梁先生别具慧眼,对吴良镛的论述产生了兴趣,当即决定见一见吴良镛本人。

吴良镛当时虽然不知道原委,但还是迫不及待想要见到心中敬仰的梁思成先生。要知道,梁思成先生在当时非常有声望,是建筑学界的大学者,担任着"战区文物保存委员会"副主任的要职。

见面地点就约在文物保存委员会的办公地——重庆的聚兴村。

刚刚打算走上工作岗位的吴良镛,可以说是怀着忐忑不安的心情去见梁先生的。

到那里时,他看到房间里坐着一位先生,穿着土布衣服,手上拿着一本书,正专心致志地阅读着。吴良镛从侧面打量先生,发现先生的身体佝偻着,看上去很虚弱,但他的眼睛里放着光,似乎在他阅读的那本书上,有什么吸引着他。

梁先生注意到吴良镛来了,就放下书,请吴良镛坐下,没什么寒暄,两个人直接谈起了专业上的事情。

梁先生首先问了吴良镛在重庆中央大学读书时的一些情况,也说到自己对建筑教育的兴趣,两个人谈得很投机。

这些话语,让吴良镛感觉很亲切,好像眼前并不是一个高高在上的大学问家,而是一个平易近人的长者。

梁先生饶有兴趣地问吴良镛:"你是不是对中国建筑有兴趣?"

吴良镛想了想,说:"我原本在读建筑学课程的时候,只是对建筑学和学术研究逐渐生发了兴趣,但对未来自己的工作,并没有明确的考虑。"

"那现在呢?你对未来的工作有没有做过考虑呢?"梁先生继续问道。

当时,吴良镛并不知道,先生的这个问题,与他写的那篇文章有关。

吴良镛因为刚刚从西南前线回来,应该说是

伯乐梁思成

有感而发，他点着头说：

"是的，我想过。这次我去西南前线，看到了战争对环境和城市的破坏，说心里话，我很难过。这让我想起了几年前我曾在合川遭遇的那次空袭，半座合川城几乎被战火烧成了灰烬，这些，让我知道自己将来要干什么了。我想，等战争结束了，我们的城市会需要规划和建设，所以，我现在很想未来可以做城市研究的课题。"

没想到，这一番话，让梁先生非常高兴，他不断点头，还将刚刚看的那本书递给吴良镛，说："你的这个想法很好，你看看这本书，一座城市的未来，特别需要我们这个专业呀！"

吴良镛拿起书一看，是《城市的过去、现在和未来》（现中文版书名为《城市：它的发展、衰败与未来》），作者是美国的沙里宁，他非常高兴。

见吴良镛对这本书感兴趣，梁思成更高兴了，他和蔼地对吴良镛说：

"你今天就留下来吃午饭吧，我还有些话要问你呢！"

吃了饭，吴良镛了解到，梁思成先生得了脊椎骨软组织硬化症，身体要靠一个钢架支撑着，前胸后背都用钢板绑着，才可以勉强坐着或站起来，所以做很多事情都非常吃力，但他却仍然坚持工作。他当时主要负责战区文物的管理和保存，他问吴良镛是否可以腾出些时间，辅助他做一些文物保护方面的工作，也可以用自己的专业优势协助他完成一些图书的编撰和完善。

"你看我，有很多事情想做，但我这个身体，却有些力不从心，如果可以找个助手的话……"

吴良镛看着先生，心里又开心，又难过。

开心的是，先生对他很信任，第一次见面就留他吃饭，还邀请他一起工作，他当然愿意接受。但他看着先生当时羸弱的样子，心里很难过，更觉得对梁先生的邀请，自己是义不容辞的。

吴良镛当即表示，非常愿意和先生一起工作。

后来，梁思成还与吴良镛说到盘桓在他脑海中的战后城市规划的问题：

"我心里还有很多愿望要去实现，战后的

中国，有许多规划和建设，都需要我们的努力啊……"

这一次见面，成为改变吴良镛人生的一个重要契机，可以毫不夸张地说，吴良镛遇到了他人生中最重要的伯乐和贵人。

吴良镛觉得很庆幸，在这样的非常时期，遇到了梁思成先生，为他指明了未来的方向。

古训说："学莫便乎近其人。"意思是，为学之道，没有比接近贤师更便利的了。之后的两个多月里，吴良镛几乎每天都会去梁思成先生身边，承担起助手的工作。

除了完成《图像中国建筑史》这本书的分类、绘图等工作外，吴良镛还跟着梁先生编辑完成了一份关于"战区文物保护的建议"的文稿，文中细致地标识出文物所在的位置，并且一一做了列表。后来吴良镛才知道，这篇文稿被做成了三份，一份交给当时的政府，一份给了美国人，还有一份直接给了周恩来。

与梁思成先生两个多月的近距离相处，吴良镛见识了先生严谨的治学态度，领悟到了学术研究的真谛，还从先生身上学到了很多优秀的品德和风骨。

一九四五年八月，随着抗战的胜利，战区文物保存委员会的历史任务完成，吴良镛才去了中央卫生实验院报到。

但仅仅过了一个多月，十月，吴良镛便收到梁思成先生寄来的一封信，再次邀请他去聚兴村的家里一聚，并说有事情与他商量。

吴良镛欣然前往。在聚兴村，吴良镛第一次见到了梁思成的太太林徽因。

那次见面，林先生卧病在床，显然，她听梁先生提起过吴良镛，一见面就微笑着与他打招呼，仿佛旧相识一般。她担心自己会影响他们两个的谈话，就提议他们索性去隔壁的屋子里聊。

吴良镛跟着梁先生走到隔壁的屋子里，那间屋子里什么也没有，两个人就站在那里，也不客套，梁思成先生开门见山地问吴良镛："良镛，请你过来，是想问问你，你愿不愿意去清华大学的建筑系，当我的助教？"

梁先生的这句话，让吴良镛简直喜出望外。

去北京当助教？而且是在清华！吴良镛几乎没有思考就点头答应了。

然后，梁先生这才一五一十告诉吴良镛，早在一九四五年初，他就给清华大学的梅贻琦校长写了一封信，建议他在清华大学办一个建筑系，为学术研究，也为战后中国培养一批专业人才。现在，他收到了梅校长同意这个建议的回信，所以才来邀请吴良镛加入建筑系。

其实，上一次邀请吴良镛的时候，他已经在考虑这件事情了，只是当时没有收到梅贻琦校长的回复。

一拍即合！

两个人就站在那间空房子里，聊着对建筑系的设想，言语之中，对未来充满了憧憬。吴良镛一直记得，梁先生当时说，他理想中的建筑系，应该具有现代思想，可以吸收中西方的精华，要有一些学术发展的新思路和新思维。

"我已经计划好了，我要先去美国和欧洲做一番考察，所以要辛苦你先到清华去，辅助林先生一起筹办建筑系。我希望我可以将欧美的新思想带到清华的校园里。"

就这样,在重庆聚兴村的一次口头约定,成就了吴良镛之后在清华校园长达七十年的教学生涯。

梁思成先生就像一个伯乐,相中了吴良镛这匹千里马,给了他一个可以施展拳脚的舞台。

陶猪之美

一九四六年初,吴良镛还没离开重庆,就收到了由清华大学工学院院长施嘉炀先生寄来的一纸聘书。他怀着激动的心情展开聘书,聘书上有梅贻琦校长的亲笔签名,邀请吴良镛担任清华大学建筑系的老师。

抗战期间,北京大学、清华大学、南开大学南迁,在云南成立了西南联大。那个时候,抗战刚刚胜利,西南联大正在等待回迁,估计大致还需要半年的时间才能回到北京。

吴良镛计算着时间,没有马上辞去中央卫生实验院的工作,而是留在那里又工作了一段时间,还跟着实验院一起搬回了南京。

吴良镛从十五岁离开故乡南京，居然在外漂泊了八年之久。当他重新站在家乡的土地上，见到了阔别八年的父母和亲戚，他的心里真的是百感交集。

离开南京的时候，他还是一个中学生。如今，他已经成长为一个热血沸腾的青年，学有所成，有机会为南京的重建出自己的一份力了。

他要抓紧这有限的半年时间，为南京中央医院重新修缮做一点儿事情；同时，他也随时准备着，一旦清华大学有了回迁北京的消息，他就北上，开始新的征程。

在南京的那段时间，吴良镛得知梁思成先生从重庆转道上海，在做出国前的最后准备。他于是匆匆赶去上海，和梁先生碰了一面。梁先生见到吴良镛，将自己对清华大学开学后的一些安排一一道来：系里工作的安排，教室和设备的采购，学生作业的安排……吴良镛仔细聆听着，想到自己即将成为梁思成先生的助教，他感到自己身上的担子沉甸甸的。

这一年的八月，吴良镛接到清华大学土木工

程系一位教授的一封信，信上说，他受林徽因先生之托，写信邀请吴先生赶紧北上赴任，清华大学不日即将开学。

于是，吴良镛匆匆交接了手上的工作，跟西南联大最后一批学生一起，乘坐开滦煤矿运煤的船，从上海到了秦皇岛，又从秦皇岛坐车到了北京。

之所以这样大费周折，是因为当时北上的铁路还没有开通，只能转道绕行。

一路上，学生们的意气风发感染着吴良镛，想到未来的日子可以始终和这些学生在一起，感受他们的热情，教给他们知识，吴良镛也非常兴奋，他几乎没怎么睡着觉，居然也不觉得累。

车到北京的时候，正是傍晚。

吴良镛的眼前闪过宣武门的城门，夕阳正好，斜射在高耸的城门上，给灰旧的土墙镶上一道金光，煞是好看。远处，黑色的乌鸦飞翔着。眼前的一切，好像一幅静谧的古画，吴良镛立在那里，仿佛置身画中，那种穿越到历史悠久的古都的感觉，让他不断追问自己：这是真的到北京了吗？

眼前的城墙，熙熙攘攘的人群，都在提醒他——确实，这儿就是北京。

想到曾经多少次憧憬过这座城市，而现在，自己就踩在这座城市的土地上，吴良镛内心感慨万千。吴良镛不会想到，从一九四六年八月，第一次踏进北京开始，他就在清华扎下了根，之后漫长的岁月里，他一直对北京这座城市饱含着眷恋与热爱。

到北京的第二天，代理系主任吴柳生就带着吴良镛去见林徽因。

当时，梁先生还在美国，这是吴良镛第二次见到林徽因。他发现，林先生的气色比他在重庆见到的时候红润了，精神颇好，谈话的兴致也很高。一见吴良镛，林先生仿佛见到了故交，可能是因为高兴，她与吴良镛聊了很多话题。

她询问了吴良镛在重庆中央大学念书的情况，也说了梁先生在美国的一些情况，还很好奇吴良镛的书法和绘画底子是从哪里学来的，并对他的艺术鉴赏能力赞赏不已。

在梁思成家的桌子上,放着一个小小的古董,那是一只陶瓷小猪。看到吴良镛正打量着这只小猪,林徽因问道:"你认识它吗?"

吴良镛仔细观赏起来,他知道,林先生家的小猪,肯定有名堂。

那只陶瓷小猪有着灰灰的颜色,膀肥腰圆,四肢短短的,上翘的嘴巴和滴溜溜的眼睛特别传神,神情也显得憨态可掬。

"这是汉朝的陶猪,你能欣赏这陶猪的美吗?"林先生说。

吴良镛神情专注地看着这个小玩意儿,露出恍然大悟的神情来。

"难怪,看着就觉得这陶猪的憨态值得咀嚼……"

林先生在一旁感慨道:"如果你能领会这陶猪的美,就说明你的艺术欣赏水平过关了。"

她这么一说,大家都开心地笑了起来。

然后,林徽因拿起放在沙发扶手上的蓝布,指着上面的刺绣给吴良镛看。

"你看,这些是云南的特产土布,我只加了那么几笔,味道是不是就不一样了?"林先生的话语中很有些得意。

吴良镛拿起这些蓝布细细观赏起来,果然,就是几笔刺绣,居然为这蓝布增加了一种特别的韵味……

他们两人从对艺术的欣赏开始,慢慢聊到了建筑系的工作上。这次谈话对吴良镛来说非常重要,在之后很长的一段时间里,他与林先生之间的默契,可能都与这一次彼此坦诚的交流有关。也就是这一次谈话,林先生与吴良镛进一步加深了了解,她特地关照吴良镛:作为助教,在梁先生在国外的这段时间,可能要加倍费心了。

那阵子,行政类的工作主要由吴柳生负责;而教学方面的很多活动,是林徽因在主持和负责的;各种教学工具等的置办,大多就由吴良镛操持了。

建筑系是新办的系,设在老水利馆的二楼,只是几间房屋,里面除了桌椅是现成的,其他设备都需要一点点添置。

一切都要从头做起。比如素描教室里需要画

板，需要绘画用的架子，还需要石膏像，吴良镛就一样样去落实。

吴良镛和吴柳生一起，兴冲冲地跑到东单的永兴纸行买来了画架。石膏像则是他根据教美术的李宗津教授的介绍，找到一家美术专科学校定制的。那天，他在那里一口气看中了七个石膏像。可能因为是朋友介绍的，也可能吴良镛的认真感动了美专的老师，美专老师特意多送了他一个。于是，吴良镛高兴地将八个石膏像搬回了素描教室。

系里的图书馆也需要建起来。吴良镛先是去了清华大学图书馆，将里面的建筑方面的图书都调了过来，看看还不够，他又去了北京饭店，在那里买到了一些法文版的建筑学图书。就这样，像蚂蚁搬家一般，建筑系的图书馆逐渐有了自己的藏书。

建筑系的课程，也一门门开起来了。当然，这些课程的开设，主要还是听从了梁思成先生的安排，比如古典建筑、建筑初步、阴影透视等。其中，有一门"城市规划"的课，原本邀请了工学院的代理院长陶葆楷教授来上，陶教授得知吴良镛曾经在中央卫生实验院做过一段时间的设计工作，于是邀请他一道授课。

第一学期，建筑系有十八名学生。吴良镛主要教的是"设计初步"的课。他先是让同学们做了一段时间的绘图训练，然后布置了一项作业：请大家设计公园大门。他告诉同学们，做设计一定要有自己的想法，自己动脑筋，形成思路；而做老师的职责，就是在同学们已经有的想法的基础上，想办法帮助他们进一步深化和完善。

基于这样的教学模式，吴良镛要先在脑海里想象出很多同学们可能的设计思路来，才可以在同学们请教他的时候，给予指导。

因此，只要一空下来，他就在琢磨公园大门的设计思路，一边想，一边记录。有的时候，想到一个好的点子，他会兴奋不已。他不断和自己说，如果可以先在脑子里存下十多种思路，遇到同学们的问题，就可以应对自如了。

就这样边学边教，教学相长。时间过得飞快，到第一个学期结束的时候，学生们的作业设计图都做出来了，一扇扇风格迥异的公园大门，一幅幅绘制精美的图纸，让吴良镛很是欣慰。他拿着这些图纸，跑去请林徽因评阅。

到了一九四七年四月，临近校庆，虽然建筑系组建起来只不过半年多，但大家的兴致很高，觉得可以组织一个展览，展示一下这半年多来建筑系的面貌。于是，一些作业，还有其他许多图像资料等，都被放进了展览室。

没想到，展览吸引了清华其他系的很多师生前来参观，林徽因也闻讯赶来，由吴良镛和一些老师陪着，兴致勃勃地观看展览，品味大家一起努力结出的硕果。这次展览，不仅广受好评，也让全系的师生更加自信了。

有意思的清华园

坐落在北京西郊的清华大学,始建于一九一一年,是人们心目中数一数二的大学。

刚到清华园时,学校在工字厅分配给吴良镛一间双人宿舍。和人同住,多有不便,对工作也有影响。后来,在林徽因的关照下,吴良镛离开了双人宿舍,住进了工字厅配备给金岳霖先生的一间单人宿舍里。

吴良镛的工作渐渐走上了正轨,梁先生也从美国访学回来了。

一九四七年九月的开学典礼上,梁思成作为系主任,向建筑系所有的师生做了一次简短的演讲。

他在那次演讲中，专门提到了自己访学后的两大体会，他说，建筑系的学术目标和纲领，就是"住者有其房"和"体形环境论"。

所谓"住者有其房"，说的是建筑设计的目标，就是要提高人们居住的质量，要使得人们有自己的房子住，有自己的床、卫生间。

而"体形环境论"，则进一步说到建筑师要对房子周边的人文环境有所关注，要让人们可以生活在美好的环境中。

梁先生按照他对建筑的理解，还有第二次世界大战后在欧美考察后的思考，提出的这两点，后来成为清华大学建筑系的学术纲领。

吴良镛终于又有机会和他仰慕的梁先生共事了，他一边担任着建筑系的助教，协助梁先生做系里学科建设和各种管理的工作，一边还跟着梁先生开设了一些课程。

和梁先生在一起时，吴良镛总是会被他的思想和思考所折服。

吴良镛除了和同学们一起听梁先生的课，如"建筑设计""中国建筑史""西方建筑史"等之外，还去听梁先生的演讲，看梁先生从国外带回的一些专业书。他如饥似渴，觉得自己要学的东西还有很多。

一次，梁先生做了一个"理工与人文"的演讲，阐述人文的落后对理工发展可能带来的诸多问题时，梁先生说，之前的人过分强调科学技术的发展，而人文学科却没能跟上。吴良镛内心被触动了，结合梁先生带回来的《明日的田园城市》，吴良镛开始思考建筑与人文的关系。他还专门去系统地听了两个学期费孝通先生的"乡村社会学""城市社会学"，以及陈达先生的"人口论"等课程。

有了梁先生的点拨，吴良镛感到不同的学科之间有很多可以相通的地方，而他在学术上也有了更多新的发现和领悟。

他还和梁先生一起教学。有一门设计课，就是由他和梁思成、刘致平三位老师一起上课的，每个人带三四个学生。吴良镛有空就带着学生去画水彩画，感受清华园里优越的人文环境，校园里的角角落落都留下了他们写生的身影。

那真是一段意气风发的日子。

走在校园里，吴良镛的脚步明显轻快起来。他发现，原来，自己所在的这个园子充满了魅力，他想带着学生将那些风景都画下来。在那座园子里，他发现了越来越多有意思的人和事。

他发现，宿舍的庭院里有一棵老榆树，还有一株海棠，早上可以听到啄木鸟悦耳的叩树声。难怪有朋友和他开玩笑，说他一到清华园，就享受了教授的待遇。

他发现，他中学时读过的《荷塘月色》，就隐匿在清华园古典雅致的建筑和庭园中，他还有幸见到了中学时代的偶像朱自清。

朱自清是吴良镛在中学课本里读过的《背影》和《荷塘月色》的作者，也是他心目中值得尊敬的长者。有一次，为了支援学生运动，朱自清甚至和学生一起走上舞台。看到朱自清瘦弱的身影出现在学校的舞台上，和同学们一起扭着秧歌，一点儿也没有教授的架子，吴良镛非常感动。

更有意思的，是林徽因在林新院家中不时举办的下午茶。

午后时光，林徽因时常会邀请三两位教授来家中闲聊，没有特别的主题，一杯清茶，偶尔有些小点心。有时候，林徽因先生买了好吃的，也会邀请大家过来品尝。而就是在那样闲聊放松的时候，吴良镛看到了教授们幽默风趣和博学的一面，也从他们的闲谈中，听到各种逸闻趣事。

他还记得，美学家邓以蛰（邓稼先的父亲）每隔一段时间，就会带一幅名画来供大家欣赏，大家听邓先生介绍名画的历史和画风，不时会有人插几句评论。

教授们也会聊到一些名家的近况，比如有人说陈寅恪曾经在客人来访时说起"土豆流传中国考"，居然引经据典，侃侃而谈；也有人说起胡适睡觉时被天花板上的白灰打破脑袋的传闻，引得大家都开始关心他是否安康；还有教授提起金岳霖晚饭后就闭门谢客，一个人躲在书房暗室里静坐思考的怪癖……

吴良镛就在这样的环境中，边学习，边教学，偷闲画画水彩，喝个下午茶，全情投入，不亦乐乎。

中华先锋人物故事汇 吴良镛

他领会到了这个园子的美丽和妙处，有了他热爱的事业和可以感受到幸福的工作，这些，都让他的心安定下来了。他自己后来经常说，他这一生最重要的一个转折，就是跟着梁先生来到清华园。

而更令他意想不到的是，梁先生还为他创造了更高的平台，给了他难得的出国留学、进修的机会。

匡溪深造

一九四八年六月的一天,刚刚开完会的梁思成找到吴良镛,手上还拿着一本小册子,很高兴地说:"你赶紧看看这个学校,非常适合你去深造。"

吴良镛接过小册子一看,册子上介绍的是一所位于美国底特律的大学——匡溪艺术学院。

见吴良镛还不明白,梁思成告诉他,其实,他还在美国访学的时候,就一直在打听那里有没有适合吴良镛去进修的学校。

"我一直觉得,如果你有机会去美国跟着大师进一步深造的话,应该会有更大的进步,现在,这个学校终于出现了。你看,这个匡溪艺术学院非常不错，聚集了很多一流的教授，学院虽然不算大，但品质是有保障的。"

吴良镛看着梁先生，内心涌起一阵感激。在他自己还没有为未来好好规划的时候，梁先生却一直将他的学业和前途放在心上。

"你知道吗？这个学校的校长，就是沙里宁先生。你还记得沙里宁吗？"梁思成继续说道。

吴良镛点点头，沙里宁是世界著名的建筑大师，学建筑的谁人不识啊！

吴良镛还记得，第一次在重庆遇到梁先生的时候，他手上在看的一本书，就是沙里宁先生写的。

"你要跟他学习，而且要赶快，他已经是七八十岁的人了，迟了怕来不及了啊。"梁先生看到吴良镛脸上激动的表情，又对他说，"我可以给你写封介绍信，其他的手续要赶紧办。"

短短几句话，却说到了吴良镛的心坎里。

他看着老师，心中不禁充满了感激之情。

"学莫便乎近其人"，吴良镛又想起了这句古训。梁思成先生不仅引导他进入了清华大学，带他在身边，手把手教导他，还为他的未来着想，给了他更高的平台，推荐了导师沙里宁给他，吴良镛觉得自己真是太幸运了。

他也从老师那里学到，师德，不光是对后辈的提携，更是一种高尚的情操。吴良镛看在眼里，记在心里。他对自己说，对老师最好的回报，就是去那里好好学习，当有一天学成了，一定要回来报效祖国。

有梁先生帮助，吴良镛很快就办妥了去美国匡溪艺术学院的一系列手续，还通过梁先生申请到了奖学金，解决了在那里学习的学费问题。

一九四八年七月，吴良镛在结束了上一学期的教学后，向校长请了假，预支了一个月的工资。然后他启程去了南京，又是通过梁先生，他在南京找时任外交部副部长的叶公超解决了护照问题，办妥了临行前的所有手续。

终于可以启程了，但吴良镛的心里还有些忐忑不安，虽然申请了奖学金，但生活费对他来说，是不小的压力。

没想到的是，临行前，梁思成先生还为吴良

镛送来了一份礼物：一张二十五美元的支票。

之后的日子里，吴良镛只要看到支票，就会想起梁先生无微不至的关怀，这也给了吴良镛一种动力，让他在国外的日子里，始终不敢懈怠。他一直将这张支票保存在身边，作为对自己的一种激励，一直到他回国。

吴良镛的哥哥吴良铸知道弟弟有机会去美国深造后，很为弟弟高兴，他告诉吴良镛："不用担心费用问题，尽管去吧，我会全力支持你的。"

为此，哥哥变卖了家里的器物，凑了一些生活费，交给吴良镛带上。

从十五岁跟着哥哥内迁，到这一次出国哥哥倾囊相助，吴良镛处处感受到兄弟情深，也感恩哥哥的全情付出，他心里一直铭记着兄长对自己的这一份情谊。

出发前，吴良镛还问朋友程应铨借了一百美元。就这样，吴良镛怀揣着梦想，从上海起航，坐上了"戈登将军号"海船，开启了赴美的行程。

一路上，吴良镛一直很兴奋，他想起从部队回到重庆的初心，就是想完成自己的学业。现在，他终于又可以静心学习了，这让他坚定了信心，对未来充满了期待。

"戈登将军号"横跨太平洋，在旧金山（今圣弗朗西斯科）停留了几天，最后到达了芝加哥。吴良镛在芝加哥下了船，换乘其他交通工具，终于在当年的九月，抵达了位于底特律的匡溪艺术学院。

匡溪的第一任校长，就是芬兰裔建筑师埃利尔·沙里宁先生，他亲自规划了整个校园，并设计了校园内的主体建筑和艺术博物馆。沙里宁先生不仅是北欧现代设计学派的代表人物，移居美国后，也被誉为"美国现代设计之父"。

吴良镛到这个学校后，很快成为沙里宁工作室里的一员。

沙里宁的儿子埃罗·沙里宁（被称为"小沙里宁"）也是著名的建筑师。吴良镛是何其幸运，在美国求学期间，他与沙里宁父子都有过亲密的接触，从他们身上学到了许多。

匡溪艺术学院是美国最好的艺术专业院校之一，坐落在密歇根州底特律郊区布鲁菲尔德山中，是二十世纪初，由底特律出版业巨头乔治·布斯夫妇与沙里宁先生共同创立，时至今日，这所学院依然颇负盛名。

一走进这所学院，吴良镛就特别喜欢。这里环境幽静，有大片森林和湖泊，湖中还有天鹅在慢悠悠地戏水，与汽车城底特律严重的污染形成鲜明的对比。虽然匡溪艺术学院是一所小型私立艺术院校，但是它的专业实力绝对强悍！学院有建筑系、雕塑系、设计系、纺织系、金属工艺系和版画系等，而建筑设计可以说是匡溪艺术学院的"老牌+王牌"专业，很多知名建筑师都曾在该校任教。

因为喜欢水彩画，清华园里的写生爱好，也被吴良镛带到了匡溪艺术学院。他还将自己满意的写生水彩画拿给沙里宁看，没想到老先生看了特别高兴，当即买了两张，挂在自己家的客厅里。

那时候，沙里宁正巧在帮忙为女儿、女婿的博物馆举办作品展，于是他嘱咐主办方在博物馆里辟出一个展览区来专门陈列吴良镛的水彩画。这次展览，不仅让吴良镛一下子成了匡溪艺术学院里的名人，还解决了他经济窘迫的问题。

一次展览办下来，吴良镛的画居然被买走了十多张。有人特别喜欢其中的一张水彩画，出高价用五十美元买了下来。

这些钱，几乎解决了吴良镛半年的生活费，本来还打算半工半读的吴良镛，不用去外面的餐厅刷盘子打工挣钱了。

之后，吴良镛还在那里举办过两次画展，画展的成功增加了他的自信心，让他更热爱画画，也成了他在美国期间的经济后盾，让他能更专心地学习了。

师从沙里宁，让吴良镛最受启迪的，是一种开放式的学习态度和方法。

匡溪艺术学院由学生自己选择研究方向。学生可以从开学的主题创作和后期一次次的作品中，逐渐发现自己的兴趣点，最后确定自己的方向。

这种开放式的学习模式，以及沙里宁号召的"有创造性的师生的工作室"使得各种艺术家、不同专业的人可以在一起交流，从而促进了学生原创力的迸发，鼓励大家在共同创造中发扬个性。

所以，学校会邀请许多客座教授来学校讲课，评论、介绍自己的作品。这些不期而遇的大家，开拓了学生的视野，也让吴良镛对不同流派的学术思想产生了更加浓厚的兴趣。

这些学者来到学校后，都会去拜访沙里宁工作室。

吴良镛作为工作室里的学生，经常负责接待工作。很多学者对沙里宁都非常佩服，会对接待他们的学生表达对这位建筑大师的敬佩之心，并叮嘱他们，一定要向沙里宁好好学习。

在沙里宁的"有创造性的师生的工作室"，每一届的学生不超过十个，其中一半是外国学生。工作室里，每个人都要为自己寻找一个研究题目，吴良镛的题目是《中国城市之研究——以南京为例》。

在这里，吴良镛和其他学生一样，拥有一个带窗子的开间，里面放着四张巨大的绘图桌，吴良镛在其中一张桌上放满了书。

沙里宁曾经对吴良镛说，喜欢读书是非常好

的，但仅这一点还不够，还要学会思考，要讲求思考的方法。而这个教诲，在吴良镛的学术生涯中至关重要。

沙里宁还特别关照吴良镛，虽然吴良镛到美国是来学习西方的学术和观点的，但他觉得中国的文化非常了不起，所以，他希望吴良镛在追求西方现代文化的同时，千万不要忘记了自己本国文化的根。

吴良镛记得来工作室访问的一位挪威艺术家柯思马，曾经告诉过他沙里宁建筑理念的核心。

这位艺术家对吴良镛说，沙里宁的故乡芬兰那种北欧文化的内涵，对沙里宁的帮助是巨大的，再加上沙里宁独特的设计理念，这些是沙里宁的设计得以成功的关键。他还讲到沙里宁的设计中那些对建筑细部处理的匠心，还有沙里宁在建筑技巧方面的特别见解。这些话让吴良镛豁然开朗，从沙里宁的设计特点中，他领会到，对于一个伟大的建筑师来说，除了注重在建筑与城市设计、艺术和鉴赏方面的造诣，对本国文化内涵的理解和追寻也特别重要。

这些教导，慢慢浸润到吴良镛的心中，重庆中央大学的专业培养，清华大学两年间在梁思成先生身边的直接受教，加上成为沙里宁先生的学生，给了吴良镛"两种文化的启示"。东西方建筑界的两位顶尖人物的教导，让吴良镛在学术上不断精进，也提升了他做人的涵养。

一九四九年五月，吴良镛完成了毕业论文，得到了学位，沙里宁在给他的评语中写道："在他的工作中灌注了一种可以称之为中国现代性的精神，这精神，不仅来自一般的人类发展，而且来自中国实际生活的发展，一种新与旧的结合，基于中国自身的坚定不移的精神……"可以说，他给了吴良镛很高的评价。

之后，吴良镛又为自己确定了新的研究题目，获得了奖学金的支持。

他研究的还是关于中国的住宅问题，仍然以南京作为样本。之所以做这个题目，是因为他一直记得沙里宁先生的一句名言："城市的改善和进一步发展显然应从解决居住环境的问题入手。"吴良镛从研究中，也的确找到了解决实际问题的方法。

学莫便乎近其人

毕业不久，吴良镛在劳伦斯大学开始了教学工作，教的是他熟悉的"设计初步"课程。

工作之余，他还与一名画家和一名雕塑家合作，参加了一九五〇年罗马奖金竞赛。这次比赛的题目是"第二次世界大战美军太平洋战争烈士墓地、纪念物与陵园"，位置在夏威夷檀香山的钻石岭。他们三人的团队获得了一九五〇年度的罗马奖金竞赛荣誉奖。

沙里宁看到这个获奖作品，非常欣赏，就推荐吴良镛去他儿子小沙里宁工作室工作，从此，吴良镛与小沙里宁之间，有了一段非常亲密的工作关系。

其实，在学校的时候，吴良镛就认识小沙里宁，小沙里宁是老师的儿子，本身也在建筑领域，他们有很多见面的机会。而如今，可以在小沙里宁工作室工作，这让吴良镛感觉非常自豪，也特别亲切。

他一到工作室，就投入到通用汽车公司科技研究中心的一个项目中，需要设计一个用于科研和汽车加工的建筑群，也就是后来建成的底特律通用汽车公司设计中心的一部分。

小沙里宁一边给吴良镛布置任务，一边告诉他："你是很幸运的，这是这个工程的最后一组项目了，好好干，你肯定会在设计方面有所收获的。"

一九五〇年的七月，沙里宁先生在午觉后突发心脏病去世。

听到这个消息后，吴良镛非常难过。那时，他虽然已经在小沙里宁工作室工作了，但人还住在学校。那天，他约了一位老学长，一起在匡溪艺术学院的校园里漫步。看着这个美丽的校园，独特的建筑，精巧的布局，都是沙里宁的设计，再想到曾经在这里与沙里宁共处的时光，吴良镛心中充满了对老师无限的缅怀和崇敬。

他在心里暗暗对自己说，一定要好好干，更加努力地参与到小沙里宁工作室的项目中去。他想用这样的方式，来回报沙里宁对他的欣赏和指导。

通用汽车公司的这个项目，是要设计一组研究部门的建筑群，这些建筑群需围绕一个大型的长方形人工水池建造，水池的一端有一座水塔。除此之外，还有很多额外的要求：首先，各个研究部门有自己的研究室，不同的研究部门之间需要互相保密；同时，研究室又要与加工车间和展览厅相连，可以分别使用这些共同设施，但彼此进入这些共同设施的运输线不能相互交叉，最终形成一个彼此既有联系又相互独立的建筑群……

小沙里宁在设计过程中，非常重视邀请多方专家一起参与设计，很多模型不是做几组，而是做了十几组来比较。吴良镛记得，当时关于水塔的设计方案，就曾经邀请雕塑家参与，搭建了十几个水塔模型，放满了一个屋子，请大家来比较。小沙里宁还特别注重一些细部的处理，比如墙面、窗子和边缘处的用材等，他会要求设计人员绘出大量的图纸，在现场实地分段做出样品进行比较，有的样品甚至是按一比一的尺寸做的。吴良镛的任务是做大楼的设计，作为小沙里宁的助手之一，他得以近距离地观察小沙里宁的工作方式，学习他的思路和管理才能。

在小沙里宁工作室，除了可以直接投入设计工作之外，吴良镛还有一个很大的收益，就是可以与很多大师一起工作，了解他们的设计理念和工作状态，从而受到启发。

一个方案的形成，非常考验一个人如何将抽象思考以形象的方案呈现出来。这其中不仅需要有自己的理念和思路，还要考虑是不是有可操作性，如何表达出来，又如何转化成图纸告诉别人。

小沙里宁白天非常忙，作为工作室的领头羊，他要关心所有工程的设计业务，接待各类客户，总是在各种工作和杂务间不停转换。一直要到晚饭之后，客户都回家了，一天的工作也告一段落，他才有时间坐下来看大家在白天设计的图稿。

最初，吴良镛对于如何开始设计不得要领。小沙里宁告诉他，在设计图纸前，要先找出各个房间的关系，用图解的方式表现出来，形成一个组织关系图；然后从中找出设计的难点，确定自己的构思和布局，然后顺着这些关键点往下做文章……这样的思考过程，看起来繁复，却可以帮助设计者形成合乎逻辑的思考方案，对于一个刚刚开始设计图稿的新人来说，是非常有用的。

这些思考不过是万里长征的第一步。除此之外，还要学会"快速设计"的本领，因为所有的思考都要用图稿表达出来，所以，可以快速画出图稿成为之后所有步骤的关键。

就这样，白天，设计组的人沉浸在思考和画图纸的忙碌中；到了晚上，小沙里宁会安静地坐在他们中间，了解设计图的难点，厘清设计中遇到的问题。小沙里宁会和大家一起讨论，探讨和推理各种方案可能的走势，比较优劣，然后，依照自己的理解和逻辑否定掉一些不可取的方案，对一些可取的方案提出修改意见，最后，挑选出他认为可以继续深入下去的方案……

这个过程是非常磨人的，往往到了最后，大家把能想到的方案都做出来了，探讨得非常充分了，才能得出一个令人信服的结论。在这样的环境中，吴良镛理解了小沙里宁经常说的一句话："合乎逻辑的确定方案只能是一种。"在这种不断被淘汰又不断有进展的高强度训练下，在无数次从清晨到深夜的思考、设计、画草图，以及被否定后的再思考、再设计、重新画草图的过程中，吴良镛体会到了如何将逻辑思维与形象思维有机结合，怎样才会做出漂亮的设计。

"学莫便乎近其人"，他又想起了中国的这句古话。他从小沙里宁身上，再一次发现了亲近良师的巨大作用，在与老师的默契相处中，他看到了小沙里宁作为大师的非凡本领：他既可以统揽总体设计的方向和思路，也能与设计者平等探讨，甚至在时间紧迫时还会亲自上阵，左右开弓，效率惊人。

多年以后的一九九三年，吴良镛受邀去芝加

哥开会期间，专门去了趟底特律，探访了通用汽车公司的设计中心。站在大楼前，吴良镛心潮澎湃，从当初他在小沙里宁工作室的日子算起，时间已经悄然过去了四十多年，小沙里宁也已不在人世，但他们一起设计的这个建筑依然耸立在那里，述说着过往。

这个建筑的建造基本遵从了他们当初的构思和设计，只在门厅的楼梯处，与当初的设计图纸有些不一样。他很想上楼去看看，但大楼的工作人员没让他进去，说这是商业秘密。吴良镛点头笑了，当时在工作室的情景又一次浮现在眼前，那些图纸，那些设计，因为是磨出来的，所以记忆特别深刻。他凭着记忆，与工作人员说起了楼上的大致布局，那些夜以继日赶工的情景，仿佛就在昨天。

工作人员非常惊奇，当知道眼前这个人正是当时设计这座大楼的建筑师之一时，都忍不住跷起了大拇指。

与小沙里宁一起工作的这段经历，让吴良镛对管理，对一个大项目从立项、规划、设计细节到最后形成方案的全过程，有了真切的实践机会，使得他日后自己做工程项目时，可以不慌忙，不紧张，得心应手。

任何经历都是财富，这一段经历，对吴良镛来说，是弥足珍贵的。

就在这时，林徽因托人捎来的一封信，中断了吴良镛在小沙里宁工作室的工作。他知道，面对选择的时候到了，他心里也非常明白自己会如何选择。

他想回家了，回到祖国的怀抱去。

回家的脚步

在匡溪艺术学院的两年时间，吴良镛仿佛置身纯净的象牙塔中，沉浸在对知识的渴求和追逐里。他沉下心来，潜心学习，一心想着要赶紧学好本领，将来有一天回到清华园时，可以让梁先生和林先生刮目相看。

虽然说学习和工作都很紧张，要用上百分之百的精力和努力，在那里的日子，经常只能"两耳不闻窗外事"，与国内的联系非常有限，但在他内心深处，他对国内的局势还是很牵挂的，他听说朝鲜战争爆发时，更是忧心忡忡。

这场战争对他的触动很大，让他对祖国的安危更添了一份担忧，同时，也促使他思考自己的未来。也就在这个当口儿,他收到了林徽因托人辗转寄来的信,那封信,是由林先生口授、罗哲文先生代笔的,信的空白处,还有几行歪歪扭扭的字,吴良镛认出,那是林徽因先生的笔迹,应该是她卧病在床,后来补充上去的。

林先生来信,是告诉吴良镛,现在国内的形势一片大好,因为之前的战乱,百废待兴,需要各行各业的建设者大展身手,所以,特别需要吴良镛赶紧学成回国,参加新中国的建设。

信中所言,归集起来就是一句话:赶紧回国吧,祖国需要你。

而从林先生的措辞中,吴良镛还可以感受到,其中也有梁思成先生的期待。想到是梁先生安排他出国的,再想到梁先生的召唤,吴良镛备受鼓舞。

对吴良镛来说,当下面临的,无疑是他人生中的一次重要选择。

吴良镛原本就打算学成回国,但没想到时间上会这么紧迫。

这封信透露出来的急迫,老师在北京的召唤,完全在吴良镛的意料之外。那时候，吴良镛已在小沙里宁工作室工作了一段时间，逐渐得心应手，做得相当不错，从内心来说，他很想跟着小沙里宁再多学一点儿本领，但是他也渴望回家去。

他拿这个人生选择的问题问小沙里宁，自己应该何去何从。

小沙里宁对他说："这个问题你要自己解决，因为这取决于你未来的事业是放在东方还是放在西方。"

一语点醒梦中人。他当即决定：马上启程，回到祖国的怀抱去。

可以说，这封信加快了吴良镛回国的步伐。

吴良镛始终明白自己内心的选择。他是东方人，根在中国，如今来到美国，不过是希望可以尽可能吸收西方文化的精髓，而如果说到未来事业的发展，那当然是需要根的滋养，需要站在东方肥沃的土地上！

而之后漫长的人生中，只要稍有彷徨，吴良镛都会想起小沙里宁的这句话。这句话对他一生事业的发展，都产生了极大的影响。

可现在的问题是：如何回国呢？

当时，回国的很多路都被封锁了。吴良镛四处打听，得知哈佛大学有一个"留美中国科学工作者协会"可以办理归国手续。正好，林先生在信中叮嘱吴良镛去波士顿找哈佛大学的费慰梅，将梁思成先生的《图像中国建筑史》稿子带回中国。

这本稿子，吴良镛自然知晓，而且印象颇深。他与梁思成先生在重庆初识时，作为梁先生的助手，他曾经为这部稿子查过资料，也画过草图。

于是，他赶紧约好时间，去哈佛大学办好手续，然后到了费慰梅那里，说明了原委，希望可以带着稿子回北京。

但费先生却告诉吴良镛，他想将稿子留下来，希望可以在美国出版。就这样，吴良镛最终没能把稿子带回国（这部稿子后来辗转到了新加坡，最终由麻省理工学院出版社出版）。

终于，一切就绪。

吴良镛登上了"克利夫兰号"游轮，与他同船的，还有数学家华罗庚。

那段日子，在美国的中国人掀起了一股回国

潮。很多爱国志士都选择学成归国，参加新中国的建设。大家怀着一颗炽热的爱国之心，希望自己的专业知识，可以为国家的未来添砖加瓦。

吴良镛站在船头，看着忙碌的工作人员和登船的客人们，心潮起伏。他想象着见到梁先生和林先生时满怀激动的情景，也想象着自己可以大显身手，内心充满自豪。

就在船快开的时候，吴良镛收到了一份礼物，展开一看，竟是他在小沙里宁工作室绘制的图纸。原来，同事们得知他走得匆忙，来不及送别，就将这些图纸寄到了船上，留给吴良镛做纪念。他看着这份宝贵的资料，想着同事们的用心，在美国学习和工作的点点滴滴又一次浮上心头。

游轮航行在太平洋上，看着太阳升起又落下，吴良镛不禁想起了当初去美国时的心情。那时候，他对到美国留学还怀着一些忐忑和不安，而两年之后，吴良镛觉得自己有了一份笃定，以及一份对回家的渴望。

他盼着轮船可以快一点儿行进，迫不及待想要看到那片大陆。

终于，游轮停靠在香港九龙。当时的香港已不能用内地的护照，乘客登岸后，需要即刻转乘火车。

火车刚一到深圳，就有服务员端来一碗放着一根香肠的白米饭，招呼大家吃一点儿垫垫肚子。

看着那一碗喷香的白米饭，还有那根富有广东特色的香肠，一股暖流流进了吴良镛的心田，他捧着饭碗，喃喃地说：

"真好，我终于回到祖国的怀抱了！"

他抬头望向车厢外的祖国大地，只见苍茫的大地上，到处都是战争留下的痕迹，土地荒芜了，建筑破败了，有多少东西需要他们用双手去建设，需要他们用才华和努力去创造啊！

吴良镛感受着车厢里人们的精气神，深切地感受到了林先生所说的"百废待兴"的真正内涵，也感受到了自己身上的责任。那一刻，他精神焕发，也更加明白了林先生和梁先生那份急迫的心情。

火车一路前行，终于要回家了！就这样，吴良镛回到了阔别两年的祖国，回到了北京，回到了清华园。

清华营建

回到阔别两年的祖国,吴良镛觉得只有一个词可以形容自己的心情——心花怒放。

他决心大干一场,将自己学到的东西都奉献出来。

梁思成当年去欧美访学回国后,就一直在思考"建筑"两字的真正内涵,也在思考"建筑"作为中国高等学府中的一门学科,需要怎样开展。基于这些思考,在新中国成立之初,梁思成将清华大学的建筑系改名为"营建系",一个"营"字,可以说是煞费苦心。

直到今天,在清华校园的建筑系内,还是可以看到用"清华营建"四个字命名的一面展示墙。

这面展示墙已经有些斑驳了,但就在这面墙上,记录了从一九四六年成立以来,清华大学建筑系发生的大事件,包括每一届本科生、研究生的人数,获得的重要奖项等信息。

这面墙就在建筑系大楼内,若从宽阔的底层大堂走过,通过一扇玻璃门穿到与后面一幢楼的间隔处,在一个不显眼的地方,有类似走廊的连接处,就在那里,有一面用架子做的展示墙。墙大约高五米,长七八米,由一块块可以翻动的正方形面板组成,那些面板涂着不一样的颜色,有白色、灰蓝色和深灰色等,无规律地排列着,营造出一种错落有致的美感;可能是位于室外,经历风雨冲击的缘故,墙体很有年代感。走近了仔细看,一些面板上刻着大大的用阿拉伯数字写的年份,还有些面板上刻着一行行字,记录着建筑系从一九四六年夏天建系以来的历史和一些重要时刻⋯⋯

比如,在一块灰黑色的面板上,一九五〇年的大事写着:

梁思成、林徽因主持的清华营建系设计组的国徽方案中选。

这块面板记录了在营建系发生的一件大事——设计"国徽方案"。

站在展示墙前,思绪很容易回到过去,仿佛可以看到,七十多年前,意气风发的吴良镛回到清华园后,第一次走进营建系时的情景。

确实,对吴良镛来说,走进清华园,扑面而来的一切都很亲切,吴良镛很想赶紧去系里走走看看:那个他当初一砖一瓦搭建起来的地方,现在是什么样子呢?

吴良镛加快步伐,走进水利馆的二楼,他一眼看到一间教室里挂着一个醒目的模型,忍不住走了进去。

那是一个高高大大的模型,圆形的设计,模型上方的几个大字吸引了吴良镛的目光,他不由自主地读出了声——

中华人民共和国国徽:本系设计。

顿时,一股自豪之情油然而生。

他想起了林先生在信中的话,仿佛看到她满

腔热情的模样，他知道，这个国徽方案，就是由林先生领衔主持设计的。不久，吴良镛还看到了当时参与国徽设计的建筑系人员的一张集体照，照片里，每一个人都是那么精神焕发，欣喜之情、自信心和自豪都写在脸上。

这样的状态感染了吴良镛，他满腔热情投入到了系里的工作中。

正如吴良镛所感受到的，当时营建系那种宽松开放、积极向上的学术氛围，与系主任梁思成有很大的关系。

师生激情满满，教学井然有序，对学术和专业敬仰，做方案时群策群力，这是吴良镛喜欢的营建系的样子。

国徽方案中选之后，又有好消息传来：梁思成和林徽因共同设计的人民英雄纪念碑项目，也中选了！全系上下欢欣鼓舞，从国徽到纪念碑，足以看到清华营建系的实力，看到梁先生和林先生的才华。

吴良镛也参与了人民英雄纪念碑的设计。

关于这个项目，还要从头说起。

一九四九年，开国大典前夕，为纪念一八四〇至一九四九年间为中国革命牺牲的人民英雄，中国人民政治协商会议第一届全体会议通过了在天安门广场修建人民英雄纪念碑的决定，并于九月三十日举行了人民英雄纪念碑的奠基仪式。

奠基仪式后，征选纪念碑规划设计方案的通知就下发到各个地方。两年间，主办方收到了两百多件设计方案。结果，由梁思成和林徽因共同设计的方案力挫群雄，获得了最终的认可。

然后，人民英雄纪念碑兴建委员会成立。由时任北京市市长的彭真担任主任委员，郑振铎、梁思成担任副主任委员，薛子正任秘书长。这个委员会还设置了设计、施工、采石、美术等七个工程小组，分别开展工作。

一九五二年八月一日，人民英雄纪念碑正式开工，一项浩大的工程就此拉开了帷幕。

纪念碑的建设牵涉的方面实在很多，难题一个接一个，大到对设计方案的整体布局和决策，小到一些细部的呈现方式。比如，对其中一些雕塑的内容和题材的选择与审定纪念碑上南北两面题字的确定，碑顶的设计；再比如，一些用材的选择，需要在各种材料之间比对……这些都需要拿出来一一讨论。

这期间，梁思成生病了，就委派吴良镛和莫宗江一起参加讨论会。在开会时和之后建设的过程中，吴良镛与雕塑家们联系颇多，时间长了，倒使得他与雕塑结下了不解之缘。

吴良镛也从这个项目的创意和思路中，看到了两位老师既追求创新又力求严谨的精神；从与各方专家的精诚合作和坦诚交流中，感受到了浩大工程背后的艰辛。

一九五八年四月二十二日，人民英雄纪念碑终于建成了，它伫立在天安门广场的前方。每一个精心打磨的细节里，都凝聚着当时各方专家和建设者的心血，整座纪念碑更是展示出史诗般的恢宏气概。

不久后的五月一日，天安门前举行了庆祝劳动节的群众大游行，那天还举行了人民英雄纪念碑的揭幕典礼。梁思成先生被邀请登上天安门城楼，当清华大学的队伍经过城门时，梁思成举起了他的手杖，向队伍致意。

吴良镛望着城楼上的老师，感慨万千，他想起了"营建系"这个名称的由来，以及由这个理念创办和设置的一些小组及专业；想起了他从梁思成和林徽因身上所学到的宝贵经验，他希望自己能以两位先生为榜样，将宝贵的时间和精力更多地投入到工作中去。

创办造园组

吴良镛回到清华大学时,梁思成已经将建筑系改名为营建系了。

吴良镛自然明白梁先生的想法。他在美国的时候,就已深刻感受到了建筑所需要的知识是多方面的,也理解了梁先生常说的理科与人文相结合的重要性。

梁思成创办清华大学建筑系,是希望可以培养一批新中国自己的建筑师。他曾经说过:"建筑师的知识要广博,要有哲学家的头脑,社会学家的眼光,工程师的精确与实践,心理学家的敏感,文学家的洞察力,但最根本的,他应该是一个有文化修养的综合艺术家。"

可见，梁思成对清华建筑系学生的期许有多深。

这一建筑理念，还表现在他对系名的修改上。

营建系，这三个字包含了对建筑教育内涵的扩展：不仅仅是培养出设计单个建筑项目的建筑师，还要造就一批通晓整体环境规划的人才。"营"字，取自《诗经》"经之营之"，梁思成由此明确了与建筑相关的广义内涵和教学任务，提出建筑是自然科学、技术科学和人文科学的交集。

营建系的课程包罗万象，一九五一年先后成立了建筑设计、市镇规划、造园、工艺美术四个教学组。

其中，造园教学组，吴良镛和汪菊渊是两位主要的倡导者。

吴良镛对园林一直很执着，这与他一路的求学经历有关。

早在重庆中央大学求学时，他就去听过农学院庭园学的课程，颇有收获；后来去美国深造，研读城市史时，他注意到"美国城市美化运动""国家公园""州立公园运动"等对人居环境发挥了巨大作用,心中便有了一份执念,也因此感受到了园林规划在城市建设中的重要性。

留学期间,吴良镛还去参观过一些地方,比如芝加哥湖滨园林带、旧金山湾区风景带等,这些直观的感知,进一步加深了他对园林的理解。

汪菊渊则是当时北京农业大学的教授、园林方面的专家,他和吴良镛在一个园林委员会开会,每每谈起园林对城市发展的重要性,两个人都很兴奋。

当时,新中国成立不久,怀着对共和国未来的无限憧憬,两人很自然地谈到了未来城市的建设。

"如果未来能有一批懂园林的设计人才就好了。"汪先生说,他在园林方面有很多心得。

"是呀,未来的人才,应该要既懂得设计,也知晓园林,可以合二为一。"吴良镛仿佛遇到了知己。

"有道理。"汪先生频频点头。

"我们何不来一次'联姻'?办一个专业造园

组，培养综合艺术家人才？"

"不错，值得做，值得！"

两个人越谈越投机，热血沸腾，一拍即合，当即商量好，分别回自己的学校向校领导建议，共同促成两所大学合办一个园林专业。

这个想法，与梁思成的建系理念非常吻合。

这一边，梁先生向校委会提出后，马上获得了批准；那一边，汪菊渊也与学校谈成了此事。于是，很快，在清华的营建系成立了一个园林设计专业，取名"造园组"，第一批学生是从北京农业大学园艺系三年级的学生里招募的，当时八名报名的学生，成了清华大学营建系第一届造园组的借读生。

后来，上级部门决定将这个造园组划归北京农业大学，这一度成为吴良镛心中的一件憾事。

改革开放之初，吴良镛担任清华大学建筑系系主任，他上任后，希望可以重建园林系，但未能如愿。

清华大学建筑系的园林专业，一直到二〇〇三年才得以建立起来。

从梁思成对清华大学建筑系的改名,到吴良镛和汪菊渊一起建起的"造园组",都体现了他们对建筑的深刻理解,体现了他们想要培养的建筑人才,应该是综合艺术家的理想。

令他们欣慰的是,新中国培养的第一代建筑人,正像梁思成先生所期待的那样,已经意识到了建筑这个领域的宽广外延。而这一点,也正是吴良镛后来一系列学说的重要基石。

主编《城乡规划》

一九五二年，在院系调整时，清华大学营建系再次改名为建筑系。此后，梁思成和林徽因的学术思想引起了争议，面临着诸多质疑。一九五四年冬，两位先生双双病倒了。一九五五年的一天，吴良镛去同仁医院看望重病的林徽因，林徽因让他也去隔壁病房看看同在住院的梁思成。当吴良镛询问起林先生的病情时，林先生摇摇头，对吴良镛说："你看我们这对难夫难妻。"

不久之后的四月一日，林徽因就去世了。

没想到，这次医院一见，竟然就是吴良镛与林先生的最后一面。吴良镛感觉非常苦闷，失去了一位关心他、爱护他的恩师，让他觉得像是少了依靠；而梁先生那里，他更是不知道该怎样安慰。

他不断想起与梁先生最初见面的情景，想起那时候，先生告诫他"君子爱人以德"。他在内心苦闷、无所适从的时候，只能在心里一次次勉励自己，要"以德为先"。

一九五五年七月，吴良镛等七人组成的中国建筑代表团到海牙参加了第四届世界建筑师大会。那是新中国成立后，中国建筑师团体第一次在国际建筑师协会亮相，并在这次大会上获得国际社会的认可。

一九六一年，党的第八届九中全会提出了"调整、巩固、充实、提高"的方针，具体到高等教育领域，就是尽快恢复高校的教学秩序。

吴良镛作为当时主管教学的副主任，心里明白，此时的首要任务，就是重新编写一些教材来解决教学用书问题。

他主动承担起组织和安排工作，领导建筑系集体编写了《建筑构图原理》《建筑画绘图》两本教材。这两本教材通过梁思成先生的审定后，顺利出版。

但还有一本《城乡规划》的编写，却遇到了困难。

当时建设部教育司的司长几次与吴良镛商量，希望吴良镛来担任这本《城乡规划》的主编，尽快完成编写工作，但是清华大学党委不同意吴良镛接受这个主编的工作，吴良镛只能将编写工作停了下来。

时间过去了一年多，这本书的编写工作又被提上议程，国家计委城市规划局召集了相关院校老师集中开会，最后决定将这本书分为上下两册编写，邀请清华大学负责上册，同济大学和南京工学院（今东南大学）合编下册。

就这样，吴良镛代表清华大学，领受了编写教材上册的任务。

吴良镛以前在清华讲授过这门课程，心中有底，所以很快就提出了总纲，然后组织城市规划组的教师开始了编写工作。大家做了分工，其中，"中国城市史"和"总体规划"由吴良镛执笔,其他部分分给了程应铨、朱畅中等老师。

因为学校党委没有松口,吴良镛依然不能担任此书的主编,这使得他不能名正言顺地展开工作,但他还是默默承担着实际主编的协调、沟通和统领工作。在当时特殊的政治、经济、社会背景下,编写过程变得异常艰苦。

在整个编写工作中,吴良镛始终坚持着一些基本的理念,那就是,城市的规划要以综合的科学知识基础和城市发展规律为纲。他还进一步提出了城市建设要建立在经济发展的基础上;城市规划的一些理论则要建立在相关学科的科学原理基础上,而不应是空泛的概念。

吴良镛夜以继日地赶工,时间紧迫,写作的速度无法慢下来,内心的压力又大,书稿交稿的那天晚上,吴良镛一夜未睡。

他病倒了,失眠,发虚汗,四肢无力,后来又染上了肝炎。

那时正是三年困难时期,粮食本来就少,经常吃不饱,吴良镛又在病中,他几次去小汤山疗养院疗养,没想到,这一病,拖了三年。

一九六四年，身体好转的吴良镛，又投入到长安街的规划和左家庄住宅区的规划等项目中。可惜，这些规划后来也先后流产了。

但那些项目还是给了吴良镛很多启示，为吴良镛之后要进行的北京旧城菊儿胡同住宅实验项目提供了宝贵的经验。

一九七二年一月九日，梁思成病情加重，没能熬过冬天，在北京医院病故。

两位恩师的相继离开，令吴良镛悲痛不已。从一九四五年在重庆认识两位老师，他从他们身上学到的，不仅是广博的知识体系和独到的学术思想，他还学到了他们对待事业的那份热忱、为人处世的修养与品德，两位恩师的一言一行，都深深印在了吴良镛的心中。

一九七六年七月二十八日，唐山发生了大地震。震后的唐山，救灾和建设都需要大量的人手。吴良镛得知消息后第一时间打报告申请去那里。一周后，他的申请获得了批准。他匆匆准备了行装，赶去唐山。

在灾后的唐山，他看到了被毁的城市：基础

设施遭到了严重破坏，房屋倾倒，街道几乎无法行走。但他注意到，幸亏凤凰山公园的大片绿地可以搭建简易抗震棚，才让民众有个临时的栖身之所。

凤凰山公园的大片绿地对吴良镛的启发很大，之后在考虑唐山灾后的规划，以及其他大型城市的规划时，他的脑海里逐渐形成了一个观点，那就是——大中城市必须有宽阔的绿地。

在后来的学术演讲中，吴良镛很多次专门提到唐山的案例和经验，引起了学术界的重视。

一九七六年九月九日，毛主席逝世。

吴良镛从唐山救灾前线被调到"毛主席纪念堂"规划设计组，大家群策群力，讨论纪念堂的设计方案，最后决定选址天安门广场。之后，吴良镛留在规划设计组，从事广场扩建的设计工作。

不久，随着手中的各项工作逐步走向正轨，吴良镛也迎来了他的墨美之行和西欧之旅。

新的挑战

一九七八年,五十六岁的吴良镛接到通知,通知说清华大学要召开一次全体建筑系教师参加的大会。开会之前,就有消息传出,说那次会议将有重要的精神要传达;也有人提醒吴良镛,要他做好准备迎接新的挑战。

那天,吴良镛去开会时,特意选了最后一排的位置。正打算坐下来,就听到在台前的刘达校长对着他叫道:"吴良镛,你往前面坐坐嘛!"

吴良镛不好意思,往前移了几排。没想到,刘达校长继续说:"你再往前一点儿啊!"吴良镛又往前多移了几排,但还是没坐到最前面去。

看到这个情景,刘达校长笑着问吴良镛:"怎么，你怕我呀？"

其实，吴良镛才不是怕校长呢，他怕的是，校长要让他担任建筑系主任的行政职务。

开会前，他就听说，这次会议就是要恢复之前建筑系的建构，而且，学校有意请他这个原来的副主任挑起系主任的担子。

"文化大革命"结束后，吴良镛感受到了一些好的变化，可是，他内心的创伤并未平复，对担任行政工作还是没什么信心，畏难情绪明显。

所以，他才会在走进会场的时候，特意悄悄地坐在最后一排。

果然，在会上，刘达校长专门传达了邓小平在听取清华大学情况汇报时说过的一些话，其中就有对建筑系的看法。邓小平提到，清华建筑系很有名，给梁思成扣"反动学术权威"的帽子是不对的，应改正过来。

这些话，引来了经久不息的掌声，可以说，对当时的建筑学人来说，是一个很大的鼓舞。

这次会议对吴良镛的触动也很大。经过一段时间的考虑，吴良镛决定接受这一挑战。

行万里路的思考

一九七八年,国际建筑师协会第十三届世界建筑师大会在墨西哥召开,吴良镛成为中国建筑协会派出的团队成员,以副团长的身份带团参加了这次大会,还在大会上宣读了介绍中国情况的论文。

那是他经历了"文化大革命"之后的第一次出访。

那次大会的主题是"建筑与国家发展",很多国际知名的建筑大师阐述了自己的学术观点,为吴良镛打开了一扇扇了解世界的窗子,让他了解到,建筑应不仅反映社会的需要,更应去适应民众的居住需求。

大会结束后，应当时美国女建筑师学会（现已解散）的邀请，吴良镛一行紧接着去了美国，访问了纽约和波士顿等城市，参观了哈佛大学和麻省理工学院，还与当地的建筑学者进行了学术交流。在访问结束后，吴良镛带回了一九七七年许多知名学者共同提出的、体现了当时城市规划新理念的《马丘比丘宪章》。

这次出访交流对于包括吴良镛在内的很多中国建筑师来说，收获和启发都是非常大的。

回国之后，吴良镛以自己的感触，写了一篇题为《研究国情，了解世界，探讨规律》的文章，刊载在《世界建筑》的创刊号上，作为发刊词。

回国不久，吴良镛还在北京接待了美国建筑学会的访华代表团。

让他喜出望外的是，美国代表团的团长，竟然是他在小沙里宁工作室时的熟人，同时也是《马丘比丘宪章》的主要起草人。

见到故友，吴良镛仿佛回到了曾经一起谈笑风生的岁月，吴良镛还专门邀请他去清华大学做了演讲。

这些交流与沟通，传递给吴良镛等国内的建筑界学者们很多新的理念，也让他们感到未来一片光明。

一九八〇到一九八一年间，吴良镛还作为改革开放后被邀请出国讲学的第一批学者，去了联邦德国的卡塞尔大学，在那里的建筑、城市、园林和应用社会学等系，举办了系列讲座。

讲座的主题叫"中国城市与建筑"，总共有十讲，之后还在德国出版了这个系列讲座的英文版图书，书名叫作 *A Brief History of Ancient Chinese City Planning*（《中国古代城市规划史纲》）。

在演讲期间，吴良镛还走访了很多欧洲其他国家。

他去了民主德国、英国、意大利、法国、瑞士等地，不仅考察了那里的城市中心区和历史名胜，还去了那里的建筑名校，了解那些学校在建筑教育教学方面的一些情况。在那一段访学中，吴良镛结识了当地名校的一批大师，如剑桥大学的李约瑟教授等世界级专家学者，大师们的学术造诣、治学精神给了他很大的启迪。

回国后不久,中东的"阿卡汉发展基金会"与中国建筑学会组织了一次以"发展中的农村:大地的呼唤"为议题的会议,会议地点放在了中国,世界各地的著名建筑学者纷纷来到中国参加会议。会议期间,大家从北京出发到西安,然后沿着丝绸之路,经甘肃抵达新疆,再从乌鲁木齐到南疆,一路考察,最后在喀什召开了一次座谈会。

专业同行间的交流和碰撞,不同文化对于同一个地方的不同认识,给了吴良镛非常多的启发。一路上,吴良镛还在不断观察一些建筑师的做法,比如有的建筑师会拿出相机拍摄,会在笔记本上记下那个地方的要点,如果有多余时间,有人还会停下来画一张速写……这些方法很简单,却实用、有效。很快,吴良镛就一一学了过来,之后每到一个地方,他都会用相机,或者用笔,记录下自己的第一感受。

通过行走与交流,吴良镛吸收到许多关于建筑学的新鲜血液和先进理念。他又一次想起了梁先生当初欧美访学回来后,关于"营建系"名称的修改和建筑学理论的建设,他从内心中理解了梁先生的良苦用心,明白了建筑的综合学科之特性。

走出去,请进来,在与学术界一流的专家交流的同时,吴良镛也更加认同建筑与人文的关系,因此,他还常去"中国文化书院",听梁漱溟、汤一介、季羡林、周一良等很多文化名人的人文课程。

在行万里路的过程中,吴良镛的内心集聚起对建筑学更多的思考,为他日后形成自己的理论并做出一系列的贡献提供了开阔眼界、结识世界精英的机会;而深入探究科学与建筑的关系,人文与建筑的关系,以及环境和社会对建筑的影响,为吴良镛从建筑学出发,进入到更广义的对建筑的认识,提供了契机。

建筑系的重担

从成为系主任开始,吴良镛就挑起了重建建筑系的重担,他自己戏称,自己好比是建筑系的"保姆",什么事情都要考虑周全。

他不仅要考虑学科建设和专业方向上的探索,也要考虑教师队伍的组建和人才的培养;除此之外,作为系主任,他还要为许多管理方面的问题费尽心思……全方位,多角度,事事要操心,用"保姆"来形容,实在不为过。

从一九七七年恢复高考之后,高校也逐渐恢复了原有的秩序,其中一个重要的举措,就是博士制度的建立,吴良镛所在的建筑学系,也因此建立了一级学科的博士点,吴良镛被选定成为博士生导师。

吴良镛明白培养博士生工作的难点,也知道这项工作意义重大。因此,从一开始,他就投入了相当多的精力去思考和完成这一工作。

博士生制度的建立,让吴良镛的研究工作进入了一个新的阶段。

博士生导师工作的难点在于,要让学生通过一段时间的学习,形成自己的学术见解,能够自成一体。这个,可能是他诸多工作中最有难度,也最具挑战性的一项了。

吴良镛从一开始就明确,面对学习和科研,既要谨慎,更要积极。他的做法,就是选择当时国家建设中的一些重大课题,让博士生参与,与他们一起攻关。这种"问题导向"的模式,一方面可以提高博士生解决实际问题的能力;另一方面,也是更重要的一点,是他希望以此为抓手,与博士生一起摸索当今时代的重大学术方向,引领他们的个人自觉。

为了做好博士生导师的工作,吴良镛也对自己提出了更严苛的要求,那就是,面对一个新的

建筑系的重担

课题和重大项目，自己要先思考，用高瞻远瞩的眼光，先行一步的思维，做到心中有数，才可指导和引领博士生，秉承"一把钥匙开一把锁"，因材施教，共同探讨，协同研究，让他们在团队中进步。

同时，还要用欣慰与欣喜之心来面对学生的成长，吴良镛一直牢记着韩愈的名篇《师说》中的话，"弟子不必不如师，师不必贤于弟子，闻道有先后，术业有专攻"。他特别爱才，对学生的能力与思想，以及业务上取得的成绩，常采取一种欣赏的态度。

自一九四六年从教以来，吴良镛先后培养了八十一名博士和硕士研究生，桃李满天下。

当然，吴良镛也清楚地知道，要让建筑系强大起来，教师队伍更为关键——教师培养学生，学生在学术上有所发展，又可以反过来启发教师。为此，他不断邀请能人志士来建筑系任教，壮大了建筑系的教师队伍。

六十岁的选择

一九八四年,已经到了六十岁的吴良镛,正式卸去了行政职务。

很快,得知他荣退的深圳大学校长张维,就向他发出了邀请,力邀他去深圳大学创办建筑系。这份邀请可谓既情真意切,又迫不及待。

吴良镛明白张校长的好意,但他还是婉拒了张校长。

事实上,吴良镛的心中已经有了一个明确的计划,他还有着一个关于建筑的梦想要去实现呢。

他想要创办一个研究所,名称也想好了,就叫"清华大学建筑与城市研究所"。

是的，这个研究所，就办在清华大学里。

从研究所的名称上，我们可以很清楚地抓到"建筑""城市"这两个关键词。

这两个词，也是贯穿吴良镛整个学术生涯的两个重要方面。

而创建研究所的这个选择，可以说，是吴良镛人生中又一个重要的转折点。

吴良镛很庆幸自己在几次关键的选择面前，选对了方向，走上了正确的道路：

大学毕业跟着梁思成先生去清华大学当助教，是他人生中一次重要的选择；

在美国学成后，被梁先生和林先生的一封信召唤回了祖国的怀抱，是他的又一次重要选择。

每个人的一生，都会面临很多次的选择。在人生的十字路口，不同的选择，将会有不一样的命运，对吴良镛来说，也是如此。

卸去了行政职务，人生的下半场，该做些什么呢？吴良镛毅然选择了从头开始，创建一个科研型的研究所。

这个选择，可能与吴良镛早年的志向有关。

还在求学的时候，吴良镛就立志要在建筑与城市这一学术领域做点事情，不管现实的条件如何，吴良镛的初心一直没有改变。

为什么要在退休后创建这样一个研究所呢？

这要从吴良镛多年来对建筑学的一些思考说起。

无论是早年的留学时光，在清华大学多年的教学和实践经历，还是改革开放初期的墨美之行和西欧之旅，包括担任系主任时的全情投入，一直促使着吴良镛思考这样一个问题：建筑学究竟要往哪里去？

点点滴滴间，会有灵光一现的时刻，更多的时候，他在不断思考、不断吸收和学习的过程中，对建筑学慢慢产生了更深更广的领悟。

他发现，建筑学并不是设计一张图纸、造一座房子那么简单，其中有很多值得从更深远的方面去探究和求索的地方，而探索的路径和求索的外延，则需要从外部的空间去寻找。

一九八〇年，吴良镛当选中国科学院学部委员（后改称院士），他猛然意识到，那个外部空间，是科学。

他的学术使命感不断增强，他仿佛在那一刻顿悟了——"建筑学要走向科学"。他意识到，自己必须先行一步。

他想起梁思成在重庆时写给梅贻琦的那封信，当时梁先生也是先行一步，建议在清华大学创立建筑系。

他还想起了很多年前经历抗战的那些日子，在云南边境爬山的情景仿佛就在眼前，他对自己说，如果这座泥泞的科学高山是必须攀爬的，那么，何不让自己走在队伍的最前方？

此刻，先行一步的方式，就是马不停蹄地创建清华大学建筑与城市研究所。

先行一步的艰难，旁人可能无法了解。初创的那段时间，只有半间房可用于办公，里面只有一张桌子、两把椅子；在人员上，只有一位本科生担任吴良镛的助手，少量研究生协助工作；经费上也很紧张，只有教育部科研课题"城市结构与形态"拨给的两万元作为活动经费……

好在大家都信心十足，硬是凭借着一股子韧

劲,慢慢用力,开展了一系列建筑与人居科学的研究与实践。

恐怕连吴良镛自己也没有想到,这个研究所和之后他所做的一切,成就了他学术成果爆发的又一个"黄金三十年",也成就了一段属于吴良镛的光辉历程。

概括起来说,在这三十年中,吴良镛的成就可以用四个"一"来形容,那就是:出版了一本书(《广义建筑学》,1989年);设计了一组楼(菊儿胡同危旧房改建,1987—1990年);组织了一次会(第二十届世界建筑师大会,发表《北京宪章》,1998—1999年);荣获了一个最高奖("国家最高科学技术奖",2011年)。

一本书——《广义建筑学》

二十世纪八十年代的后期，清华大学建筑与城市研究所承接了国家体育运动委员会（现为国家体育总局）的"亚运会"工程任务研究工作，同时，研究所还承接了厦门规划、桂林中心区规划等项目。

当时国家体委原定将亚运会主要比赛场所建在北京的五棵松，吴良镛提出了"集中与分散"相结合的方案，他的设想是，集中的部分放在北京的中轴线上，而分散的部分则散落在各个区里，这样做的好处是，亚运会结束后，那些分散的赛场，可以改建为文体中心。

国家体委很赞成这个方案，就邀请他的研究

所承担这个任务。

吴良镛知道他的博士生赵大壮爱好体育,对体育场所的设计情有独钟,就邀请他加入这一项目,并为他选择了"如何举办北京亚运会"的课题,集中攻关。

在亚运会场馆如何处理"分散"和"集中"、北京工人体育馆该拆迁还是该扩建等问题上,吴良镛与团队成员一起讨论、规划,一个个地破解难题。赵大壮在其中起了很重要的作用,他不仅出色地完成了这个项目,也就自己的博士生课题做了一系列的延展和研究。

当时计划新中国成立四十周年举办亚运会,成立五十周年举办奥运会,赵大壮的博士论文,研究的是北京举办亚运会到举办奥运会期间的一系列动态过程。他还将重大赛事的举办与城市体育设施系统的发展结合在一起,研究了与比赛有关的经济、交通、赛后利用等诸多问题。论文答辩通过后,赵大壮成为我国城市规划专业的第一个博士生。

之后,吴良镛团队又在研究所提出的奥运会

方案中，对以北京工人体育馆为基础的扩建提出了他们的设想，虽然这一设想最终未被采纳，但为之后吴良镛提出的"广义建筑学"奠定了基础。

一九八七年，在由国家自然科学基金委员会资助召开的"建筑学的未来"学术研讨会上，吴良镛第一次提出了"广义建筑学"概念。

这个概念在他脑海里已酝酿一段时间了，虽然不很成熟，却也不是空穴来风。

自从意识到建筑学要向科学进军后，他就在思考进军的路径。

有一次，仿佛突发灵感，他意识到，既然建筑学是综合的，由多种学科组成的，那如果就建筑学的多种因素加以分析、深化，归纳总结，就可以扩展对建筑学的认识，并由此对建筑学的核心思想加以提升。

沿着这个思路，吴良镛首先想到了关于"聚居论"的突破。

这个话题，还要从一九七八年去墨西哥开会途中参观人类博物馆说起。吴良镛在那个博物馆里，看到了一幅早期玛雅人聚居的插图，心有所动，之后，他都会特别留意去关注和参观类似的人类博物馆。

一九八三年，他在参观日本大阪的人类学博物馆时，发现了一个有意思的模型，那是一个大阪早期农舍的模型，里面除了房子，还有牲畜、水塘、菜地等，两三家相邻的人家组成一个小村落……模型很直观，不禁让吴良镛想起了曾经在中国历史博物馆看到过的一些类似的场景。

也就是说，无论古代还是现代，建筑从来都不是房子那么简单，而很可能是人、建筑、自然、社会等组合在一起形成的一组社会现象。

这个，是不是指明了建筑学的核心问题呢？

从这个观念进一步突破，吴良镛继续深入思考：如果将整个地区的环境、文化、科技、艺术、教育等诸多因素都加以考虑，会是怎样的呢？这么多因素之间，又是怎样的结构组合呢？

再联系到他在桂林中心区规划项目设计中，对区域规划、空间战略和土地利用等多方面的实践与思考，在那次的会议上，吴良镛将自己的思考和这个新的学术概念用"广义"两个字概括出来，没想到即刻得到了与会者的积极呼应和广泛好评。

会后，清华大学的副校长倪维斗邀请吴良镛在学校里做了一次题为"广义建筑学的思考"的演讲，吴良镛因此有机会进一步厘清自己的思路。他根据自己多年的工作和研究，写出了提纲，并在演讲中做了进一步的完善，受到了师生们的肯定。

很快，吴良镛安下心来，一头扎进这一理论的完整构思和布局中，几乎是一鼓作气，完成了《广义建筑学》一书框架的搭建和内容的写作。

在第一章中，吴良镛就阐明了广义建筑学的主要研究对象：不是单体建筑，而是聚居和城市；之后的行文中，吴良镛分了十章，分别从地区、文化、技术、法律法规、建筑师技能、建筑师教育、艺术、建筑学研究方法等方面，一一论述它们与建筑的关系；最后一章，回归和呼应开头，重点总结和阐述了"广义建筑学"的概念。

在吴良镛看来，所谓广义建筑学，就是要将

建筑学与其相关学科看成一个有机的整体，了解"牵一发而动全身"的道理；同时，还要去探究那些相关学科与建筑学间的边界与融合。

简单一点儿说，一座城市或一幢建筑，不是孤立存在的，而是与周围的环境、文化、经济和布局等紧密相关的，也就是说，广义建筑学，是在广度和深度上扩展后的建筑学，是全面的建筑学，更是融会贯通的建筑学。

从这些论述中，我们不难看到，吴良镛希望，建筑学可以从"单纯的建筑"转向"聚居"，从"单纯的一座座房子"拓展到"人、自然与社会的层面"，从"单纯的物质构成"拓展到"社会构成"。

广义建筑学的提出，大大拓展了建筑学的视野，更为建筑学的未来发展指了一条路，成为中国近年来建筑行业发展的一个大纲和引导，使得建筑学成为向着为人的居住服务进军的一门科学。

一九八九年，《广义建筑学》出版，并在一九九〇年获得了国家教育委员会授予的"科学进步一等奖"。这本书的出版，对建筑学领域的影响十分深远。

事实上，广义建筑学的提出，对人居环境学方面的研究和实践，同样具有积极的促进作用。它从理论上将"广义的住""空间环境""多学科综合研究"等概念结合起来，也是之后吴良镛进一步提出的"人居环境科学"思想的雏形。

一组楼——菊儿胡同

早在二十世纪五十年代,吴良镛回国初期,就开始关注北京的旧城保护这个话题了。

吴良镛对北京的老城有着很深厚的感情,这当中,也包括他对四合院的喜爱。

吴良镛初到北京时,曾经去过一位协和医院教授的家,那是一个非常典型的北京四合院。吴良镛还记得,就在走进大门的一刹那,他就被深深吸引了:映入眼帘的是一个四方的院落。主人引着他走过外院,穿过廊道,进入内院,这才来到了客房。短短几分钟的步行,却让吴良镛记忆深刻,院落宽绰疏朗,种着花草,尽显自然的美好;每个房间都有很好的独立空间,房间的门都朝院子开着，十分温馨，仿佛能让人感受到主人一家和和美美的居家生活。后来，他还专门造访了一些四合院，为这样的建筑格局深深叹服。

可以说，梁思成和林徽因对中国文化的坚守和执着，触发了吴良镛参与北京旧城保护的想法；他内心深处对北京历史文化的敬仰，对传统的四合院空间构成的认可和佩服，更坚定了他保护北京旧城的决心。

一九七八年，吴良镛提出了在对北京的总体规划中，要考虑北京旧城整体保护的工作思路，还专门强调，这一工作的关键点就是要着眼解决对四合院的改建。

一九八一年，吴良镛去剑桥大学建筑学院演讲时，介绍了"什刹海规划"的研究设想。

当时，在北京的什刹海一带，保存着很多四合院老房子群落。

街道、胡同、南北向排开的几进院落，还有院落中的一间间房子，形成了典型的"大街-街坊-胡同-院落"的模式，这些历经多年保存下来的模式，有很多的合理性，非常适合人居住。

天晴的时候，院子里洒满阳光，阳光透过窗子照进屋里。南北朝向的房子解决了通风问题，而院子则为生活在其中的人提供了很大的活动空间，所以，人们就可以在这样的"院落体系"中安居乐业……

吴良镛和他的团队对什刹海的"院落体系"做了很多研究，理解了"合院体系"存在的合理性，也看到了它的魅力所在。

在什刹海规划方案中，他将老房子与新房子做了不同程度的改建，那些质量不好的房子就用"新四合院"的构想去扩建。但这个方案的缺点也很明显，因为四合院都是平房，没办法与楼房一样，可以居住更多的人。

如何提高院落设计的密度，使它既保存四合院的采光通风好和空间大的优点，又能够容纳更多人居住，成为吴良镛和他的团队成员需要不断思考的一个"痛点"。

终于，这个难题被吴良镛在菊儿胡同的设计中克服了。

菊儿胡同，东起北京交道口南大街，西止南

锣鼓巷,全长四百三十八米。这条胡同的41号院原是一座寺庙衍生出的大杂院,是这条胡同中最破败的地方。在这个院落里,住着四十四户人家,他们共用一个水龙头和一条下水道,只有一个公用厕所,还在院外一百米远的地方。

随着人口的增加,院子里盖满了小棚小房,人均面积只有五平方米,而院落的面积不足整个胡同的百分之二十。院内的居住环境越来越差,只有院子里的两棵老树,述说着这里的过往……

危房、积水、漏雨的问题困扰着这里的居民,这个院落急需改建。

但菊儿胡同处在旧城风貌保护区,由于许多改造方案与旧城保护相冲突,改造项目一直停滞在规划层面无法实施。再加上这个项目总体规模不大,设计费用很少,而牵涉面却很广,很多设计单位都不愿接手。

后来,北京市房改相关政府部门抱着试试看的态度找到了吴良镛,问他是否可以来设计这一改建项目。出乎意料的是,吴良镛欣然表示愿意接手这个项目,并且对这个建筑面积仅两千七百多平方米、设计费用仅一万元的项目显示出极大的热情。

对大多数建筑师来说，代表作往往是机场、剧院、大楼、博物馆这样的大型建筑。当时的吴良镛已经是蜚声海外的建筑师，为什么会醉心于这么一项"不起眼"的工程呢？

原来，对吴良镛而言，菊儿胡同的改建，正好可以实现一直盘桓在他脑海中的关于北京旧城的改建理想。在吴良镛的眼睛里，"北京旧城可以说是世界城市史上'无与伦比'的杰作，是中国古代都城建设的'最后结晶'"。

如果要对这样的"杰作"和"结晶"进行改造，无疑需要大胆假设，小心求证，更需要勇气与智慧，不仅要满足现代生活舒适的要求，还要与原有的历史环境密切结合。

吴良镛在菊儿胡同这个院落里做的设计非常有意思。四合院被保留下来了，院子里的那两棵大树也被保留下来了，但是，围绕着院子的，不再是平房，而是楼房。

为了解决采光问题，吴良镛和他的团队经过

精密的测量，计算出了在日照最少的冬至那一天，底层窗台还可以晒到太阳的楼层高度，然后得出南北向的楼房可以有三层楼高，而东西向的则要低一些，只有两层楼高。

相比原来四合院的平房，这样的楼房可以解决更多人居住的问题。

为了保持良好通风，吴良镛设计了在楼房的四角安置楼梯，楼梯下方做成开放布局的方案，使得院落形成便于通风的格局。

一进套一进的小院子，虽然只有几十米见方，面积不算大，但给了居住在那里的人一个能够自由呼吸和玩耍的空间。

今天，走进菊儿胡同41号院，依然可以看到很多中国文化的元素，青砖红檐，典雅古朴。围着院子一水儿的小楼，白墙黛瓦，与周边的老房子浑然一体，丝毫不觉得突兀。

当年破败的"危积漏"（危房、积水、漏雨）院落变成由一座座功能完善、设施齐备的单元式公寓组成的新四合院住宅。

老住户依然可以住在曾经的胡同，一个院子

一组楼——菊儿胡同

可以住三十几户人家，而房子已经有了实质性的变化，有了集中供暖、独立卫生间和良好的上下水系统……邻里间并没有因为改建而疏远，走到院子里，大家依然可以交流家长里短；回到小套间，又有了属于自己的独立空间；楼房里的这些小户型单元房，让老百姓买得起，也住得起。吴良镛所做的项目，都是依据这样的思路：解决生活中的实际问题。

菊儿胡同41号院，成为用四合院理念，为集合住宅做尝试的一个经典之作，这样的一座"类四合院"，不会像高楼大厦那样冰冷，孤立，体现出了吴良镛以人为本的设计理念。

北京菊儿胡同危旧房改建新四合院工程一经问世，即刻得到来自国内外的一致好评。

一九九三年，菊儿胡同项目为吴良镛赢得了由联合国颁发的"世界人居奖"，这也是当代中国建筑作品首次在国际上取得如此高的荣誉。

吴良镛受邀去了美国纽约，在联合国总部领奖。世界人居奖对菊儿胡同项目的评价是：

"开创了在北京城中心进行城市更新的新途

径，传统四合院住宅格局得到保留并加以改进，避免了全部拆除旧城内历史性衰败住宅，同样重要的是，这个工程还探索了一种历史城市住宅建设集资和规划的新途径。"

为此，英国组织了二十多个国家的建筑师到北京做"学术旅行"，专访菊儿胡同，并认为这一设计为"发展中国家旧城住宅改建探索到了一种模式"，具有普遍的借鉴意义。

菊儿胡同项目在"批判的重构"方面的创举，将原有元素按照今天的生活方式重组，在建筑设计的教学上也具有非常重要的意义。

菊儿胡同项目是吴良镛在规划实践上的巅峰之作，也是他学术道路上承上启下的关键之作，对于吴良镛，甚至对于中国的建筑史来说，都具有里程碑式的意义。

一次会——宣读《北京宪章》

早在一九五五年,中国建筑学会就加入了国际建筑师协会,这是新中国成立后最早被国际上认可的学术组织。

一九八七年,国际建筑师协会决定选出新一轮亚澳区主席,协会想到了吴良镛。结果,那一年召开的常务理事会上,吴良镛以最高票数当选,成为国际建协副主席兼亚澳区的主席。

担任这一职务后,吴良镛的接触面更广了。

一九九二年,联合国在里约热内卢召开了"地球高峰会议",会议发表的宣言中,专门提到了"人类居住环境建设"。吴良镛从中受到启发,他想起梁思成先生当时将"建筑系"改成"营建系"的事，如果从人类居住的需求来谈，可以将建筑的观念进一步放宽——"人居环境科学"这个概念，正是在这样的背景下思考而得出的。

一九九五年十一月，"清华大学人居环境研究中心"宣告成立。

一九九六年六月，在国际建协的第十九届世界建筑师大会上，吴良镛获得了"屈米奖"（建筑评论/建筑教育奖）。

之后，努力多年的中国建筑学会终于取得了第二十届世界建筑师大会的主办权，大会于一九九九年在北京举行，主题为"二十一世纪的建筑学"。

这次大会处在世纪之交，具有十分重要的意义。为此，一九九七年四月，中国建筑学会任命吴良镛作为科学委员会的主席，负责这次大会的筹备工作。很快，他们就迎来了国际建协主席莎拉女士到访北京检查筹备工作。

吴良镛向莎拉女士提出了一套办会的设想，从宣言的起草、科学议题的设置，到会议议程的安排，吴良镛都胸有成竹，侃侃而谈，他的设想得到莎拉女士频频点头认可——她对两年后将在北京召开的会议预想很是满意。

国际建协的认可给了吴良镛信心，但是，设想获得认可，只是筹备工作的第一步，如何有效执行好，才是更重要的工作。

莎拉女士离开后，吴良镛邀请相关部门一起，对会议做了详尽的安排。邀请哪些人来做报告，具体日程如何安排，会议总报告怎么做，相应的经费是多少，等等，都在他的安排之中。

筹备会上，首先确定了两人做主旨报告，一份报告是美国学者哥伦比亚大学教授肯尼斯的《千年七题：一个不合时宜的宣言》，另一个就是吴良镛的《世纪之交展望建筑学的未来》。

吴良镛考虑到，大会既然在中国召开，就应该让中国的建筑师多多获益，所以他决定安排四组中国青年学者做主旨报告，邀请了清华大学、同济大学、东南大学和天津大学的四位青年学者进行演讲；并按照惯例，安排了国际大学生设计竞赛以及学者、嘉宾等在西安建筑科技大学开展比赛和演讲，交流则放到了清华大学；大会还决定编辑出版一本《20世纪世界建筑精品集锦》，邀请肯尼斯和中国建筑学会的张钦楠担任主编，于是这个大工程在张钦楠的不懈努力下，及时出版了。

这次会议还有一件更核心的文献工作，就是起草《北京宣言》，而这一工作，需要在大会召开前就完成，并提交与会者阅评。吴良镛领受了这个艰巨的任务。

这个任务之所以艰巨，主要是当时的时间很紧迫，而吴良镛又有其他任务在身，他的助手中只有一名博士研究生武廷海可以帮忙。吴良镛每天清早将前一天晚上写好的稿件交给武廷海，由武廷海负责整理，当晚再交给吴良镛，吴良镛拿到后进行修改，然后在深夜继续赶稿……如此往复，通过无数次的修改、精简、压缩，最终，在大会召开前半年，完成了提交大会审评的《北京宣言》的草稿。

那时，正好到了国际建协执行局再次来北京审查工作的时间节点，吴良镛就将这份"宣言"的草本交给了国际建协的专家进行审议，结果，大家一致认为这个文本切合当前问题，内容翔实，理论与实践探讨结合紧密。其中好几位专家，包括大会主席莎拉女士更是对宣言大加赞赏，甚至认为可以将这一文本作为国际建协的"宪章"，而非一般的"宣言"。

《北京宣言》的草稿获得了国际建协执行局的一致赞赏，这个重要的文献也被正式命名为《北京宪章》。

一九九九年六月，第二十届世界建筑师大会在北京召开，会议由国际建协主席莎拉女士主持，吴良镛在会上宣读了《北京宪章（草案）》，并获得与会代表的一致通过。

这也是国际建协自一九四八年成立以来通过的首部宪章。

《北京宪章》的通过，标志着"广义建筑学"与"人居环境"学说，已为世界建筑师所普遍接受和推崇。

《北京宪章》的内容包括四个方面。首先是我们怎样认识时代，《北京宪章》指出，我们在经历了大发展又大破坏的二十世纪后，二十一世纪将面临巨大的转折;第二部分主要讲我们面临的新的挑战是什么,提到在下一个世纪,我们将面临包括"大自然的报复""混乱的城市化""技术双刃剑"和"建筑魂的失色"等很多复杂的问题,需要大家做出共同的选择;在第三部分,《北京宪章》对未来建筑学进行了探讨,指出了将"广义建筑学"与"人居环境"的思想明确在宪章里;最后一部分,《北京宪章》用中国哲学的元素来阐述世界问题,那就是"一致百虑,殊途同归"。

《北京宪章》以国际建协规定的四种官方语言(英语、法语、俄语、西班牙语)发表,二〇〇〇年,中文版《国际建协北京宪章——建筑学的未来》一书出版,《北京宪章》成为指导新世纪世界建筑发展的一部重要的纲领性文献。

在近代建筑的发展史中,纲领性文献总共有三个,一个是一九三三年的《雅典宪章》,一个是一九七七年的《马丘比丘宪章》,还有一个就是一九九九年的《北京宪章》。

由此可见,《北京宪章》在世界建筑史上的重要性。

这次大会，也让世界认识了中国。国际建协和一批世界著名建筑师，在北京、西安等地行走，亲眼看到了在中国大地上发生的变化，这成为他们开始关注中国城市发展和建筑设计的广阔前景的一个很好的契机，也让世界看到了中国建筑学和建筑业的新样貌，看到了中国城市未来发展的大好机会。

在之后的一些年里，中央电视台总部大楼、中国国家大剧院、奥运场馆等一大批建筑，吸引了众多设计大师来中国做设计，与这次大会的召开不无关系。

所以，可以毫不夸张地说，以这次大会为契机，中国的城市面貌有了不一样的世界风味。

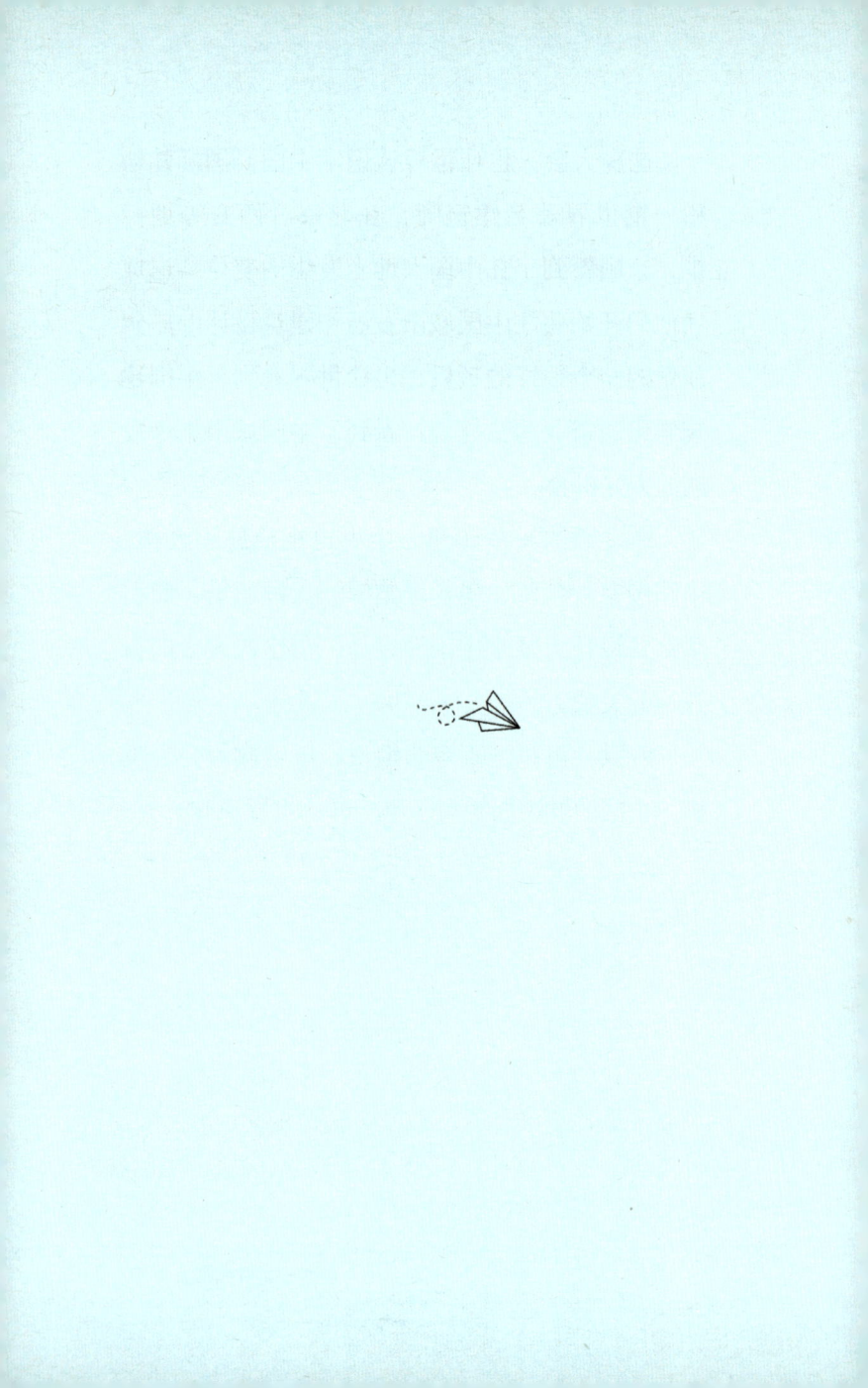

一个最高奖——"国家最高科学技术奖"

在吴良镛对自己的评价中,用到最多的一个词就是勤勉。

在一个人求学和事业规划的道路上,从来都没有坦途,而热爱与兴趣,则是一个人最好的武器。

吴良镛有几样宝贝,是我们无法忽视的。

其中很重要的一样,就是他对兴趣的追求。

吴良镛喜欢书法和绘画。幼时家庭的熏陶,小学时候老师的指导,就好像一粒种子,埋进了他的心田。从妈妈在吴良镛的书包里放下那两支毛笔开始,吴良镛就对写毛笔字念念不忘。

而正是因为兴趣,在重庆中央大学求学期间,哪怕战火纷飞，吴良镛还是会抽空儿去艺术系听课，看展，写生，求教，由此开启了他的艺术生涯之门。

进入清华大学之后，以及去美国匡溪艺术学院求学期间，置身于如画的校园，他在追求学术研究的同时，也爆发出在书法和绘画创作方面旺盛的生命力，用他自己的话说，那段时间"作画甚勤，收获亦多"，还办过不止一次画展。

在吴良镛看来，习画好比另一种"读书"的方式，他总是带着写生本，带着相机和钢笔，每到一个地方，先用相机拍照，然后做笔录和写生，集市、街道、院落、村庄……他留下过足迹的很多地方，也留下了他的画作。

三峡的激流险滩、云贵山上的浩渺云烟、阿尔卑斯山的郁郁苍林，以及中国西南少数民族的生活服饰……无不可入画。生活与自然的美，在他的画中被表达得淋漓尽致，他将创作激情和对艺术的爱都诉诸笔端，留下一幅幅美好的画。

二〇〇二年，在吴良镛八十岁之际，《吴良镛画记》出版，这部书包括水彩和速写各一册，

一个最高奖——"国家最高科学技术奖"

涵盖了他从一九四四年到二〇〇〇年创作的三百多幅作品。这部书出版后，他又在中国美术馆举办了"人居意境——吴良镛建筑、绘画、书法作品展"。

而关于书法，其中还有一个励志的故事呢。

在求学期间，他"习书以为乐，并抓紧一切机会欣赏字"，时间长了，结合自己的建筑素养，他居然悟到了书法与建筑相通的地方。

在吴良镛看来，建筑设计讲求结构、布局和空间关系，与书法的"用笔、结体、布白"有异曲同工之妙；如同书法讲究整体的美学效果，建筑设计需要心静如水、心有灵犀，又能与所处的环境和自然相匹配，方可心领神会，一气呵成。

二〇〇八年夏天，八十六岁的吴良镛到自己主持设计的南京红楼梦博物馆施工现场进行指导。酷暑高温导致他突发脑梗，突然晕倒在工地上。

"在北京天坛医院，他苏醒后的第一件事，是把我招呼到跟前，嘱咐我要抓紧进行当时的一个研究课题——奥运前后对北京城市影响调查。"

清华大学建筑学院前院长朱文一回忆这个场景时，唏嘘不已。

而此时，吴良镛右边半个身子已经不能动弹了，连穿衣服、拿筷子都不能自己完成。

八十六岁高龄，又是中风，能恢复到什么程度？连医生心里都没底。

谁也没有想到，在之后的一年半里，他凭借惊人的毅力，硬是挺了过来——他成了医院里的"模范病人"。医生精心指导病人做康复训练，他总是最积极的一个。医生当时的目标，只是他的手可以动起来，生活能基本自理，但吴良镛不这么想，他希望自己的右手还可以继续握笔写字。

于是，在北京康复医院的病房里，总能看见一位老先生坐在病床上，拿着笔吃力地练习着写字。

一开始，可能是想借着书法绘画消磨时间，但写着写着，他仿佛进入了物我两忘的世界中，似乎只看得见眼前的碑帖……

"恢复好了，才能继续工作呀。"吴良镛的想法很简单，他还有很多事情要做，怎么能一直躺在病床上？

吴良镛本来在书法方面就有很高的造诣，如今身在病床上，他突然有了很多时间，可以安静地写字了。大概是得益于这伴随一生的爱好，书法，居然在他的康复中起到了奇效。

"少有的刻苦、渊博，少有的对事业的激情，少有的坚强。"这是多年前林徽因对吴良镛的评价。

耄耋之年，他依然保持着那种少有的激情与坚强。

上午看书，看报纸，下午坚持做康复运动，练习书法和绘画。床上的桌子小，护士们帮他找来两张小桌拼在一起，医生也不断鼓励他。

就这样，医生都觉得不可能的奇迹在吴良镛身上出现了：中风患者竟然可以基本康复，非常罕见。而其中，"书法之功大矣哉"——吴良镛自己总结道。

出院时，他还手书了一幅字送给了医院，依然是生病前书法家的水平，而且比之前更有韵味了。

二〇一〇年，吴良镛基本康复，又重新投入工作中。

他不仅坚持上课，带博士研究生，做课题，编写《中国人居环境史》，还承接设计项目，亲自去教室授课。大家关照他，请他坐着讲课，讲到激情处，他不由得站了起来……

这般激情，这般励志，对于一个年逾九十的老人，他的故事，他的成就，以及他依然在努力前行的步伐，实在称得上是一种榜样的力量。

二〇一二年二月十四日，吴良镛先生荣获二〇一一年度"国家最高科学技术奖"。

获奖不久，一颗由国家天文台在一九九五年发现的国际永久编号为9221的小行星，被正式命名为"吴良镛星"，充分地肯定了他在人居科学事业上的重要贡献。

谋万家居

"让人们诗意地栖居在大地上。"

"诗意"两字,何等浪漫,又充满了何等丰富的想象力啊!

这,就是吴良镛的人居梦想,也是他一生对事业执着追求的写照。

在他看来,这里面蕴藏着好大的学问呢。

他是新中国建筑教育事业的开拓者。

他在清华园经历了风风雨雨的七十年,矢志不渝地站在教师的岗位上,指导学生,参与实践,投身科研,执着于创造美好的人居环境。

他是活跃在国际舞台上的建筑学家、理论家,是新中国建筑与城市规划的先行者。

他从几位老师那里获取智慧和营养，在不断地学习和思索中挖掘着自己的潜能；他总是先行一步，勤勉地探索，学贯中西，以中华传统文化为根基，吸收着西方建筑学的精髓，形成自己的理论，成为中国建筑与城市规划领域的学术带头人。

而他更看重的，是可以将自己的学识和理论付诸实践，让更多的人拥有与自然和谐相处的居住环境。

多年来，在中国的大地上，从长三角到京津冀，从海南三亚到云南丽江，吴良镛带领他的同事、助手们上下求索，学以致用，为找到一条适合中国特色的城市规划建设之路，不知疲倦地奔忙着。

"科学求真，人文求善，艺术求美。"二〇一一年，在清华大学城市与规划学院成立十周年之际，吴良镛挥毫写下这几个大字。

科学、人文、艺术的融汇，构成了吴良镛所说的"人居之道"，勾画出人们"诗意"生活的理想状态。

为了这个目标，吴良镛用自己一生的勤勉，不断地实践，一步步拓宽建筑学的疆域；他以"读万卷书，行万里路，拜万人师，谋万家居"为志向，向着最美好的理想不断前进。

二〇一八年十二月十八日，党中央、国务院授予吴良镛改革先锋称号，颁授改革先锋奖章，将他誉为"人居环境科学的创建者"。

今天，年近百岁的吴良镛依然在"求索"，他说，学无止境，他将追求更高的人生目标，"高山仰止，景行行止，虽不能至，心向往之"。

说这句话时，他那满含笑意的眼睛里，依然闪烁着年轻人才有的激情与光亮。